棲守道德者는 寂寞一時나
依阿權勢者는 凄凉萬古라.
達人은 觀物外之物하고
思身後之身하니
寧受一時之寂寞이언정 毋取萬古之凄凉이라.

君子之心事는 天青日白하여 不可使人不知요
君子之才華는 玉韞珠藏하여 不可使人易知라.

作人이 無甚高遠事業이나
擺脫得俗情이면 便入名流하고
爲學이 無甚增益工夫나
減除得物累면 便超聖境이라.

矜高倨傲는 無非客氣니
降伏得客氣下而後에 正氣伸하며
情欲意識은 盡屬妄心하니
消殺得妄心盡而後에 眞心現이라.

人情은 反復하며 世路는 崎嶇라.
行不去處에는 須知退一步之法하고
行得去處에는 務加讓三分之功하라.

施恩者가 內不見己하고 外不見人하면
則斗粟도 可當萬鍾之惠라.
利物者가 計己之施하고 責人之報하면
雖百鎰이라도 難成一文之功이라.

彼富면 我仁이요 彼爵이면 我義라.
君子는 固不爲君相所牢籠이라.
人定하면 勝天하고 志一하면 動氣라.
君子는 亦不受造物之陶鑄라.

인성교육을 위한
청소년 인문학 글쓰기

채근담 필사노트

홍자성 지음 | 시사정보연구원 편저

菜根譚

시시패스
SISAPASS.COM

인성교육을 위한 청소년 인문학 글쓰기
菜根譚 채근담 필사노트

3쇄 발행   2022년 10월 25일

지은이   홍자성
편저자   시사정보연구원
발행인   권윤삼
발행처   도서출판 산수야

등록번호   제1-1515호
주소   서울시 마포구 월드컵로 165-4
우편번호   03962
전화   02-332-9655
팩스   02-335-0674

ISBN 978-89-8097-421-4   43190

인성교육을 위한 청소년 인문학의 보고 『채근담』

　요즘 인성교육이란 말을 흔히 듣습니다. 건전하고 올바른 인성을 갖춘 시민을 육성하여 국가사회의 발전에 이바지함을 목적으로 하는 인성교육법이 시행되고 있기 때문이기도 합니다.

　교육현장에서 강조하고 있는 인성교육이란 무엇을 말하는 것일까요?

　인성교육이란 자신의 내면을 가꾸고 타인이나 공동체와 더불어 살아가는 데 필요한 역량을 기르는 교육을 말해요. 즉, 우리 내면에 살아 있는 양심을 온전히 계발하여, 언제 어디서나 당면한 문제를 적극적으로 해결하는 '양심적 리더'를 키워 내는 것이지요.

　인간은 기본적으로 양심과 욕심을 타고납니다. 우리는 양심을 갖고 태어나기 때문에 타인의 마음에 공감할 수 있고, 잘못된 것을 보면 부당하다고 여기며, 옳고 그름을 판단하고, 무엇이 무례한지, 무엇이 아름다운지를 파악할 수 있습니다. 이런 능력은 우리의 내면에 내재되어 있다가 적정한 나이가 되면 드러납니다.

　"양심의 명령을 따르는 것이 최고의 인성교육이다."라고 합니다. 이 말이 대변하듯이 우리는 인문학의 지혜를 통해 '양심적 리더'로 성장할 수 있답니다. 우리가 인문학을 공부하는 것은 우리의 내면에 내재되어 있는 양심을 계발하기 위해서지요.

　인성교육을 의무로 규정한 인성교육진흥법이 실행되었습니다. 왜 인성교육법이 만들어졌을까요? 왜 우리 사회의 중요한 화두가 되었을까요? 우리 주변, 사회 곳곳에서 일어나고 있는 폐해가 인성교육의 부재에서 나온다는 결론에 다다른 것입니다. 학생들은 집단 따돌림과 폭력에 시달리다가 극단적인 선택을 하게 되는 일들이 종종 발생합니다.

모든 관심사들이 대학을 목표로 오로지 공부만 중요시했기 때문이며, 인성교육을 소홀히 했다는 자성의 목소리가 나오면서 인성교육의 필요성이 대두된 것입니다.

내가 무엇을 좋아하고 잘하는지, 어떤 것에 흥미가 있는지, 어떤 삶을 꿈꾸는지, 어떤 사람이 되기를 원하는지 등을 구체적으로 탐구하면서 자신을 되돌아볼 시간이 필요합니다. 자신이 진정으로 원하는 삶과 꿈을 찾기 위해서는 무엇보다 자신을 먼저 알아야 합니다. 자신을 알아가는 과정이 바로 인성교육의 첫걸음이기도 하지요. 타고난 양심을 제대로 계발하려면 학습이 필요합니다. 교과과정에서 깊이 있게 배울 수 없는 것들을 탐구하고 학습하는 것이 필요하지요. 우리의 내면을 알게 하고 생각을 깊고 넓게 하는 학문 중 대표적인 것이 바로 인문학입니다. 널리 쓰이고 있는 문사철(文史哲)이란 문학, 역사, 철학을 아울러 이르는 말로 인문학이라고 분류되는 대표 학문을 말하며, 지성인이 기본적으로 갖추어야 하는 교양을 의미합니다.

청소년들의 인문학적 소양을 갖추기 위해 본사는 인성교육을 위한 청소년 인문학 채근담 필사노트를 출간하게 되었습니다. 채근담은 중국 명나라 말기 문인인 홍자성(홍응명(洪應明), 환초도인(還初道人))이 지은 책으로 인생의 처세를 다루고 있습니다. 세상을 살아가는 처세에 관한 지혜가 담겨 있는 채근담은 명사들이 권하는 일순위에 꼽는 책이기도 하지요.

이 책은 채근담의 내용 중에서 청소년들에게 꼭 필요하고 중요한 것들을 가려 뽑아서 한자와 한글을 쓰면서 익힐 수 있도록 기획했답니다. 인문학의 중심이 되는 내용들을 손으로 쓰면서 마음에 새길 수 있도록 만들었기 때문에 깊은 사고와 함께 바르고 예쁜 글씨도 덤으로 익힐 수 있어요. 옛 성인들의 말씀을 통하여 지식에 대한 흥미, 사회에 대한 흥미, 자신의 미래, 인간에 대한 이해와 통찰을 배우기를 희망합니다. 마음의 양식을 오랫동안 기억할 수 있도록 편집했으니 꼭 활용하여 내 것으로 만들어 보세요.

청소년 인성교육 채근담 필사노트
이렇게 활용하세요!

* 채근담은 인문학 최고의 지침서로 꼽는 책입니다. 서양의 탈무드와 비교하여 손색이 없는 채근담은 명사들이 권하는 일순위에 꼽는 책으로 인문학 최고의 지침서입니다. 시대와 장소를 뛰어넘어 삶을 통찰하는 최고의 책으로 손꼽히니 여러분의 마음에 새겨서 자신의 것으로 만드는 것이 무엇보다 중요하답니다. 마음에 새겨 놓으면 어떤 일이 닥쳐왔을 때 지혜를 발휘할 수 있기 때문이지요.

* 매일매일 채근담 문장을 하나씩 소리 내어 익혀봅시다. 스스로 학습 시간을 정해서 채근담의 문장을 소리 내어 읽고 직접 손으로 쓰면서 마음에 새기도록 합니다. 우리의 생활에 꼭 필요한 내용들을 담고 있기 때문에 내면이 바르고 성숙한 인격체로 성장할 수 있도록 도와줍니다.

* 두뇌 발달과 사고력 증가, 집중력 강화에 좋아요. 우리의 뇌에는 손과 연결된 신경세포가 가장 많습니다. 손가락을 많이 움직이면 뇌세포가 자극을 받아 두뇌 발달을 돕게 됩니다. 어르신들의 치료와 질병 예방을 위해 손가락 운동을 권장하는 것도 뇌를 활성화시키기 위해서랍니다. 많은 연구자들의 결과가 증명하듯 글씨를 쓰면서 학습하면 우리의 뇌가 활성화되고 기억력이 증진되어 학습효과가 월등히 좋아진답니다.

* 혼자서도 맵시 있고, 단정하고, 예쁘고 바른 글씨체를 익힐 수 있습니다. 채근담의 문장을 쓰다 보면 삐뚤빼뚤하던 글씨가 가지런하고 예쁜 글씨로 바뀌게 된답니다. 글씨는 예부터 인격을 대변한다고 하잖아요. 명언을 익히면서 가장 효율적인 학습효과를 내는 스스로 학습하는 힘을 길러줌과 동시에 단정하고 예쁜 글씨를 쓸 수 있도록 이끌어 줄 거예요.

★ 한자의 형성 원리

1. 상형문자(象形文字) : 사물의 모양과 형태를 본뜬 글자

☼ → ☉ → 日 → 日 날 일(해의 모양)

→ 月 → 月 → 月 달 월(달의 모양)

→ 子 → 子 → 子 아들 자(아들의 모양)

👁 → → 目 → 目 눈 목(눈의 모양)

2. 지사문자(指事文字) : 사물의 모양으로 나타낼 수 없는 뜻을 점이나 선 또는 부호로 나타낸 글자

→ 丄 → 上 → 上 위 상(위를 뜻함)

→ → → 中 가운데 중(가운데를 뜻함)

→ 丁 → → 下 아래 하(아래를 뜻함)

木 → 本 → 本 → 本 근본 본(뿌리를 뜻함)

3. **회의문자**(會意文字) : 이미 만들어진 글자를 2개 이상 합한 글자

　　人(사람 인) + 言(말씀 언) = 信(믿을 신) : 사람의 말은 믿는다.

　　田(밭 전) + 力(힘 력) = 男(사내 남) : 밭에서 힘써 일하는 사람.

　　日(날 일) + 月(달 월) = 明(밝을 명) : 해와 달이 밝다.

　　人(사람 인) + 木(나무 목) = 休(쉴 휴) : 사람이 나무 아래서 쉬다.

4. **형성문자**(形聲文字) : 뜻을 나타내는 부분과 음을 나타내는 부분을 합한 글자

　　口(큰입 구) + 未(아닐 미) = 味(맛볼 미)　　左意右音 좌의우음

　　工(장인 공) + 力(힘 력) = 功(공 공)　　右意左音 우의좌음

　　田(밭 전) + 介(끼일 개) = 界(지경 계)　　上意下音 상의하음

　　相(서로 상) + 心(마음 심) = 想(생각 상)　　下意上音 하의상음

　　口(큰입 구) + 古(옛 고) = 固(굳을 고)　　外意內音 외의내음

　　門(문 문) + 口(입 구) = 問(물을 문)　　內意外音 내의외음

5. **전주문자**(轉注文字) : 있는 글자에 그 소리와 뜻을 다르게 굴리고(轉)

　　　　　　　　　　　　끌어내어(注) 만든 글자

　　樂(풍류 악) → (즐길 락 · 좋아할 요)　　예) 音樂(음악), 娛樂(오락)

　　惡(악할 악) → (미워할 오)　　예) 善惡(선악), 憎惡(증오)

　　長(긴 장) → (어른 · 우두머리 장)　　예) 長短(장단), 課長(과장)

6. **가차문자**(假借文字) : 본 뜻과 관계없이 음만 빌어 쓰는 글자를 말하며 한자의 조사,

　　　　　　　　　　　　동물의 울음소리, 외래어를 한자로 표기할 때 쓰인다.

　　東天紅(동천홍) → 닭의 울음소리

　　然(그럴 연) → 그러나(한자의 조사)

　　亞米利加(아미리가) → America(아메리카)

　　可口可樂(가구가락) → Cocacola(코카콜라)

　　弗(불) → $(달러, 글자 모양이 유사함)

　　伊太利(이태리) → Italy(이탈리아)

　　亞細亞(아세아) → Asia(아세아)

★ 한자 쓰기의 기본 원칙

1. 위에서 아래로 쓴다.
   言(말씀 언) → 一 二 三 言 言 言 言
   雲(구름 운) → 一 一 广 币 市 雨 雨 雲 雲 雲 雲

2. 왼쪽에서 오른쪽으로 쓴다.
   江(강 강) → 丶 冫 氵 汀 江 江
   例(법식 예) → 丿 亻 仃 仴 伢 例 例

3. 가로획과 세로획이 겹칠 때는 가로획을 먼저 쓴다.
   用(쓸 용) → 丿 冂 月 月 用
   共(함께 공) → 一 十 卄 卅 共 共

4. 삐침과 파임이 만날 때는 삐침을 먼저 쓴다.
   人(사람 인) → 丿 人
   文(글월 문) → 丶 亠 亣 文

5. 좌우가 대칭될 때에는 가운데를 먼저 쓴다.
   小(작을 소) → 亅 小 小
   承(받들 승) → 丁 了 子 手 手 承 承

6. 둘러 싼 모양으로 된 자는 바깥쪽을 먼저 쓴다.
   同(같을 동) → 丨 冂 冂 同 同 同
   病(병날 병) → 丶 亠 广 广 疒 疒 疒 病 病 病

7. 글자를 가로지르는 가로획은 나중에 긋는다.
   女(여자 녀) → 乀 女 女
   母(어미 모) → 乀 冈 丏 丏 母

8. 글자 전체를 꿰뚫는 세로획은 나중에 쓴다.
   車(수레 거) → 一 厂 冃 百 亘 亘 車
   事(일 사) → 一 丆 冂 曰 写 写 事

9. 책받침(辶, 廴)은 나중에 쓴다.

近(원근 근) → ´ ⺁ ⺁ ⺁ ⺁ 近 近

建(세울 건) → ⊃ ⊃ ⊐ ⋾ ⋿ 聿 津 建 建

10. 오른쪽 위에 점이 있는 글자는 그 점을 나중에 찍는다.

犬(개 견) → 一 ナ 大 犬

成(이룰 성) →) ⺁ ⺁ 厈 成 成 成

■ 한자의 기본 점(點)과 획(劃)

  (1) 점

    ① 「⼁」: 왼점　　　　　　② 「丶」: 오른점

    ③ 「丷」: 오른 치킴　　　④ 「丿」: 오른점 삐침

  (2) 직선

    ⑤ 「一」: 가로긋기　　　⑥ 「丨」: 내리긋기

    ⑦ 「→」: 평갈고리　　　⑧ 「亅」: 왼 갈고리

    ⑨ 「ᐯ」: 오른 갈고리

  (3) 곡선

    ⑩ 「丿」: 삐침　　　　　⑪ 「✓」: 치킴

    ⑫ 「丶」: 파임　　　　　⑬ 「辶」: 받침

    ⑭ 「亅」: 굽은 갈고리　⑮ 「乀」: 지게다리

    ⑯ 「乀」: 누운 지게다리　⑰ 「乚」: 새가슴

少②	火④	主	伸	揮⑦	表
①	③	⑤	⑥	⑧	⑨
冷⑩	送	乎	式	忠	兄
⑪ ⑫	⑬	⑭	⑮	⑯	⑰

棲守道德者는 寂寞一時나
서 수 도 덕 자 적 막 일 시

依阿權勢者는 凄凉萬古라.
의 아 권 세 자 처 량 만 고

達人은 觀物外之物하고 思身後之身하니
달 인 관 물 외 지 물 사 신 후 지 신

寧受一時之寂寞이언정 毋取萬古之凄凉이라.
영 수 일 시 지 적 막 무 취 만 고 지 처 량

도리를 지키고 덕을 베풀면서 사는 사람은 한때 적막하지만 권세에 기대고 아부하는
사람은 영원토록 처량하다. 세상의 이치를 깨달은 사람은 사물 밖의 사물을 내다볼
줄 알고 사후의 명예를 생각하나니 차라리 한때의 적막함을 겪을지라도 영원히 처량
해지는 것을 택하지 않는다.

棲	守	道	德	者	寂	寞	一	時	依	阿	權
깃들일 서	지킬 수	길 도	덕 덕	놈 자	고요할 적	고요할 막	한 일	때 시	의지할 의	언덕 아	권세 권

勢	者	凄	凉	萬	古	達	人	觀	物	外	之
형세 세	놈 자	쓸쓸할 처	서늘할 량	일만 만	옛 고	통달할 달	사람 인	볼 관	물건 물	바깥 외	갈 지

物	思	身	後	之	身	寧	受	一	時	之	寂
물건 물	생각 사	몸 신	뒤 후	갈 지	몸 신	편안할 영	받을 수	한 일	때 시	갈 지	고요할 적

寞	毋	取	萬	古	之	凄	凉				
고요할 막	말 무	가질 취	일만 만	옛 고	갈 지	쓸쓸할 처	서늘할 량				

涉世淺이면 點染亦淺하고 歷事深이면 機械亦深이라.
섭세천   점염역천   역사심   기계역심

故로 君子는 與其練達은 不若朴魯하고
고 군자   여기련달   불약박로

與其曲謹은 不若疎狂이라.
여기곡근 불약소광

세상일에 경험이 얕으면 그 만큼 때 묻지 않으나 세상일에 경험이 깊으면 남을 속이는 재주 또한 깊어진다. 그러므로 군자는 능란하기보다는 차라리 소박한 것이 낫고 치밀하기보다는 오히려 소탈한 편이 낫다.

涉	世	淺	點	染	亦	淺	歷	事	深	機	械
건널 섭	세상 세	얕을 천	점 점	물들 염	또 역	얕을 천	지날 역	일 사	깊을 심	틀 기	기계 계
亦	深	故	君	子	與	其	練	達	不	若	朴
또 역	깊을 심	연고 고	임금 군	아들 자	더불 여	그 기	익힐 련	통달할 달	아니 불	같을 약	성씨 박
魯	與	其	曲	謹	不	若	疎	狂			
노나라 로	더불 여	그 기	굽을 곡	삼갈 근	아니 불	같을 약	섬길 소	미칠 광			

君子之心事는 天青日白하여 不可使人不知요
군자지심사　천청일백　　불가사인부지

君子之才華는 玉韞珠藏하여 不可使人易知라.
군자지재화　옥온주장　　불가사인이지

군자의 마음가짐은 하늘이 푸르고 햇빛이 밝은 것과 같이 남들이 모르게 해서는 아니 되며 군자의 재주와 지혜는 옥돌이 바위 속에 숨겨져 있고 진주가 바다 깊이 감추어져 있는 것처럼 남들이 쉽게 알게 해서는 아니 된다.

君	子	之	心	事	天	青	日	白	不	可	使
임금 군	아들 자	갈 지	마음 심	일 사	하늘 천	푸를 청	날 일	흰 백	아닐 불	옳을 가	하여금 사
人	不	知	君	子	之	才	華	玉	韞	珠	藏
사람 인	아닐 부	알 지	임금 군	아들 자	갈 지	재주 재	빛날 화	구슬 옥	감출 온	구슬 주	감출 장
不	可	使	人	易	知						
아닐 불	옳을 가	하여금 사	사람 인	쉬울 이	알 지						

勢利紛華는 不近者爲潔이요
세 리 분 화　　불 근 자 위 결

近之而不染者는 爲尤潔하며
근 지 이 불 염 자　　위 우 결

智械機巧는 不知者爲高요
지 계 기 교　　부 지 자 위 고

知之而不用者는 爲尤高니라.
지 지 이 불 용 자　　위 우 고

권력과 명예와 이익과 사치를 가까이하지 않는 사람은 결백하고 그것을 가까이 하더라도 물들지 않는 사람을 더욱 결백하다고 하며 권모술수를 모르는 사람은 고상한 사람이고 그것을 알면서도 이용하지 않는 사람은 더욱 고상한 사람이다.

勢	利	紛	華	不	近	者	爲	潔	近	之	而
형세 세	이로울 리	어지러울 분	빛날 화	아닐 불	가까울 근	놈 자	할 위	깨끗할 결	가까울 근	갈 지	말 이을 이

不	染	者	爲	尤	潔	智	械	機	巧	不	知
아닐 불	물들 염	놈 자	할 위	더욱 우	깨끗할 결	슬기 지	기계 계	틀 기	공교할 교	아닐 부	알 지

者	爲	高	知	之	而	不	用	者	爲	尤	高
놈 자	할 위	높을 고	알 지	갈 지	말 이을 이	아닐 불	쓸 용	놈 자	할 위	더욱 우	높을 고

耳中에 常聞逆耳之言하고
이 중   상 문 역 이 지 언

心中에 常有拂心之事하면
심 중   상 유 불 심 지 사

纔是進德修行的砥石이라.
재 시 진 덕 수 행 적 지 석

若言言悅耳하고 事事快心하면
약 언 언 열 이   사 사 쾌 심

便把此生을 埋在鴆毒中矣라.
변 파 차 생   매 재 짐 독 중 의

縱欲之病은 可醫나 而執理之病은 難醫요
종 욕 지 병   가 의   이 집 리 지 병   난 의

事物之障은 可除나 而義理之障은 難除라.
사 물 지 장   가 제   이 의 리 지 장   난 제

욕심을 함부로 부리는 병은 고칠 수 있지만 자기 이론에 집착하는 병은 고치기 어렵
고 사물의 막힘은 제거할 수 있지만 의리에 얽매인 장애는 제거하기가 어렵다.

14

귀로는 항상 귀에 거슬리는 말을 듣고 마음속에는 항상 마음에 거슬리는 일이 있다면 그것은 곧 덕과 행실을 갈고 닦는 숫돌이 된다. 만약 말마다 귀를 기쁘게 하고 일마다 마음을 즐겁게 한다면 이는 곧 인생을 무서운 독극물 속에 파묻는 것과 같다.

耳	中	常	聞	逆	耳	之	言	心	中	常	有
귀 이	가운데 중	항상 상	들을 문	거스릴 역	귀 이	갈 지	말씀 언	마음 심	가운데 중	항상 상	있을 유
拂	心	之	事	纔	是	進	德	修	行	的	砥
떨칠 불	마음 심	갈 지	일 사	재주 재	이 시	나아갈 진	덕 덕	닦을 수	다닐 행	과녁 적	숫돌 지
石	若	言	言	悅	耳	事	事	快	心	便	把
돌 석	같을 약	말씀 언	말씀 언	기쁠 열	귀 이	일 사	일 사	쾌할 쾌	마음 심	편할 변	잡을 파
此	生	埋	在	鴆	毒	中	矣				
이 차	날 생	묻을 매	있을 재	짐새 짐	독 독	가운데 중	어조사 의				

15

天地는 寂然不動하되 而氣機는 無息少停하고
천지　적연부동　　　이기기　　무식소정

日月은 晝夜奔馳하되 而貞明은 萬古不易이라.
일월　주야분치　　　이정명　　만고불역

故로 君子는 閒時에 要有喫緊的心事하고
고　군자　한시　요유긱긴적심사

忙處에 要有悠閒的趣味라.
망처　요유유한적취미

固知潔常自汚出하며
고 지 결 상 자 오 출

明每從晦生也니라.
명 매 종 회 생 야

깨끗함은 항상 더러움에서 나오고 밝음은 항상 어둠에서 비롯된다.

천지는 고요하여 움직이지 않으나 그 기운의 활동은 잠시도 쉬지 않고 해와 달은 밤 낮으로 분주하게 움직여도 그 밝음은 만고에 변하지 않는다. 그러므로 군자는 한가한 때일수록 다급한 일에 대처하는 마음가짐이 필요하고 바쁜 때일수록 여유 있는 마음가짐이 필요하다.

天	地	寂	然	不	動	而	氣	機	無	息	少
하늘 천	땅 지	고요할 적	그럴 연	아닐 부	움직일 동	말 이을 이	기운 기	틀 기	없을 무	쉴 식	적을 소
停	日	月	晝	夜	奔	馳	而	貞	明	萬	古
머무를 정	날 일	달 월	낮 주	밤 야	달릴 분	달릴 치	말 이을 이	곧을 정	밝을 명	일만 만	옛 고
不	易	故	君	子	閒	時	要	有	喫	緊	的
아닐 불	바꿀 역	연고 고	임금 군	아들 자	한가할 한	때 시	요긴할 요	있을 유	먹을 끽	긴할 긴	과녁 적
心	事	忙	處	要	有	悠	閒	的	趣	味	
마음 심	일 사	바쁠 망	곳 처	요긴할 요	있을 유	멀 유	한가할 한	과녁 적	뜻 취	맛 미	

夜深人靜에 獨坐觀心하면
야심인정 독좌관심

始覺妄窮而眞獨露하니 每於此中에 得大機趣라.
시각망궁이진독로 매어차중 득대기취

旣覺眞現而妄難逃하면 又於此中에 得大慚忸이라.
기각진현이망난도 우어차중 득대참뉴

밤이 깊어 인적 고요한 때에 홀로 앉아 마음을 관찰해 보면 망념은 사라지고 진실이
홀로 나타남을 깨닫게 되니 매번 이 가운데서 큰 진리의 깨달음을 터득하게 된다. 진
실이 나타났음에도 망념이 사라지지 않음을 깨닫게 되면 이 가운데서 크나큰 부끄러
움을 터득하게 될 것이다.

夜	深	人	靜	獨	坐	觀	心	始	覺	妄	窮
밤 야	깊을 심	사람 인	고요할 정	홀로 독	앉을 좌	볼 관	마음 심	비로소 시	깨달을 각	망령될 망	다할 궁
而	眞	獨	露	每	於	此	中	得	大	機	趣
말 이을 이	참 진	홀로 독	이슬 로	매양 매	어조사 어	이 차	가운데 중	얻을 득	클 대	틀 기	뜻 취
旣	覺	眞	現	而	妄	難	逃	又	於	此	中
이미 기	깨달을 각	참 진	나타날 현	말 이을 이	망령될 망	어려울 난	도망할 도	또 우	어조사 어	이 차	가운데 중
得	大	慚	忸								
얻을 득	클 대	부끄러워할 참	부끄러워할 뉵								

恩裡에 由來生害하나니 故로 快意時에
은 리   유 래 생 해   고   쾌 의 시

須早回頭하고 敗後에 或反成功하나니
수 조 회 두   패 후   혹 반 성 공

故로 拂心處에 莫便放手하라.
고   불 심 처   막 변 방 수

은혜 속에서 원래 재앙이 싹트는 법이니 그러므로 만족스러운 때에 일찌감치 머리를
돌려 주위를 보고 실패한 뒤에 오히려 성공하는 경우도 있으니 그러므로 일이 뜻대
로 되지 않는다 하여 서둘러 포기하지 말라.

恩	裡	由	來	生	害	故	快	意	時	須	早
은혜 은	속 리	말미암을 유	올 래	날 생	해할 해	연고 고	쾌할 쾌	뜻 의	때 시	모름지기 수	이룰 조
回	頭	敗	後	或	反	成	功	故	拂	心	處
돌아올 회	머리 두	패할 패	뒤 후	혹 혹	돌이킬 반	이룰 성	공 공	연고 고	떨칠 불	마음 심	곳 처
莫	便	放	手								
없을 막	편할 변	놓을 방	손 수								

面前的田地는 要放得寬하여
면전적전지 요방득관
使人無不平之歎하고 身後的惠澤은
사인무불평지탄 신후적혜택
要流得久하여 使人有不匱之思라.
요류득구 사인유불궤지사

살아 있을 때의 마음은 활짝 열어서 너그럽게 하여 사람들로 하여금 불평하지 않도록 하고 죽은 뒤의 은혜는 오래 남도록 하여 사람들로 하여금 부족한 느낌이 없도록 하라.

面	前	的	田	地	要	放	得	寬	使	人	無
낯 면	앞 전	과녁 적	밭 전	땅 지	요긴할 요	놓을 방	얻을 득	너그러울 관	하여금 사	사람 인	없을 무
不	平	之	歎	身	後	的	惠	澤	要	流	得
아닐 불	평평할 평	갈 지	탄식할 탄	몸 신	뒤 후	과녁 적	은혜 혜	못 택	요긴할 요	흐를 류	얻을 득
久	使	人	有	不	匱	之	思				
오랠 구	하여금 사	사람 인	있을 유	아닐 불	다할 궤	갈 지	생각 사				

徑路窄處엔 留一步하여 與人行하고
경로착처　유일보　여인행
滋味濃的은 減三分하여 讓人嗜하라.
자미농적　감삼분　양인기
此是涉世의 一極安樂法이니라.
차시섭세　일극안락법

작고 좁은 길에서는 한 걸음 멈추어 남을 먼저 가게 하고 맛있는 음식은 삼등분으로 덜어서 다른 사람에게 양보하여 맛보게 하라. 이것이 세상을 살아가는 가장 편안하고 즐거운 한 가지 방법이다.

徑	路	窄	處	留	一	步	與	人	行	滋	味
길 경	길 로	좁을 착	곳 처	머무를 유	한 일	걸음 보	더불 여	사람 인	다닐 행	불을 자	맛 미

濃	的	減	三	分	讓	人	嗜	此	是	涉	世
짙을 농	과녁 적	덜 감	석 삼	나눌 분	사양할 양	사람 인	즐길 기	이 차	이 시	건널 섭	인간 세

一	極	安	樂	法
한 일	극진할 극	편안 안	즐길 락	법 법

作人이 無甚高遠事業이나
작인 무심고원사업

擺脫得俗情이면 便入名流하고
파탈득속정 변입명류

爲學이 無甚增益工夫나
위학 무심증익공부

減除得物累면 便超聖境이라.
감제득물루 변초성경

사람됨이 뛰어나게 높고 위대한 일은 못하더라도 세속의 정에서 벗어날 수 있다면
명사라 일컬을 수 있으며 학문을 닦음에 뛰어나게 공부하지 못하더라도 마음에서 물
욕을 제거할 수 있다면 성인의 경지에 이를 수 있다.

作	人	無	甚	高	遠	事	業	擺	脫	得	俗
지을 작	사람 인	없을 무	심할 심	높을 고	멀 원	일 사	업 업	열 파	벗을 탈	얻을 득	풍속 속
情	便	入	名	流	爲	學	無	甚	增	益	工
뜻 정	문득 변	들 입	이름 명	흐를 류	할 위	배울 학	없을 무	심할 심	더할 증	더할 익	장인 공
夫	減	除	得	物	累	便	超	聖	境		
지아비 부	감할 감	저거할 제	얻을 득	물건 물	얽힐 루	문득 변	뛰어넘을 초	성인 성	경계 경		

交友에는 須帶三分俠氣하고
교 우　　　수 대 삼 분 협 기

作人에는 要存一點素心이라.
작 인　　　요 존 일 점 소 심

벗을 사귐에는 반드시 삼분의 의협심을 가져야 하고 사람됨에는 반드시 한 점의 순
수한 마음을 지녀야 한다.

交	友	須	帶	三	分	俠	氣	作	人	要	存
사귈 교	벗 우	모름지기 수	띠 대	석 삼	나눌 분	의기로울 협	기운 기	지을 작	사람 인	중요할 요	있을 존
一	點	素	心								
한 일	점 점	바탕 소	마음 심								

寵利에는 毋居人前하고 德業에는 毋落人後하라.
총리　　　무거인전　　　덕업　　　무락인후

受享에는 毋踰分外하고 修爲에는 毋減分中하라.
수향　　　무유분외　　　수위　　　무감분중

은총과 이익을 얻는 데는 남보다 앞서려고 하지 말고 덕행과 업적을 쌓는 데는 남에게 뒤쳐지지 말라. 받아서 누림에는 분수를 넘지 말고 닦아서 행함에는 분수를 줄이지 말라.

寵	利	毋	居	人	前	德	業	毋	落	人	後
총애할 총	이로울 리	말 무	살 거	사람 인	앞 전	클 덕	일 업	말 무	떨어질 락	사람 인	뒤 후
受	享	毋	踰	分	外	修	爲	毋	減	分	中
받을 수	누릴 향	말 무	넘을 유	나눌 분	바깥 외	닦을 수	할 위	말 무	덜 감	나눌 분	가운데 중

處世에는 讓一步爲高이니
처세　　　　양　일　보　위　고

退步는 卽進步的張本이요
퇴보　　즉　진　보　적　장　본

待人에는 寬一分是福이니
대인　　　　관　일　분　시　복

利人은 實利己的根基니라.
이　인　　실　리　기　적　근　기

처세에는 한 걸음 양보하는 것을 높게 여기니 한 걸음 물러섬은 곧 앞으로 전진하는 바탕이 되고 사람을 대하는 일에는 한 가닥 너그러움이 복이 되니 남을 이롭게 하는 것이 실로 자신을 이롭게 하는 바탕이 된다.

處	世	讓	一	步	爲	高	退	步	卽	進	步
살 처	세상 세	양보할 양	한 일	걸음 보	할 위	높을 고	물러날 퇴	걸음 보	곧 즉	나아갈 진	걸음 보
的	張	本	待	人	寬	一	分	是	福	利	人
과녁 적	베풀 장	근본 본	기다릴 대	사람 인	너그러울 관	한 일	나눌 분	이 시	복 복	이로울 이	사람 인
實	利	己	的	根	基						
열매 실	이로울 리	몸 기	과녁 적	뿌리 근	터 기						

事事에 留個有餘不盡的意思면
사사 유개유여부진적의사

便造物이 不能忌我하고
변조물 불능기아

鬼神도 不能損我하나
귀신 불능손아

若業必求滿하며 功必求盈者는
약업필구만 공필구영자

不生內變하면 必召外憂니라.
불생내변 필소외우

處世에 不退一步處하면 如飛蛾가 投燭하며
처세 불퇴일보처 여비아 투촉

羝羊이 觸藩이니 如何安樂이리오.
저양 촉번 여하안락

세상을 살아가는 데 한 걸음 뒤로 물러서 처신하지 않는다면 마치 불나방이 등불에
날아들고 양의 뿔이 울타리에 걸리는 것과 같으니 어찌 안락함을 바라겠는가.

일마다 조금의 여유를 두어 다하지 못하는 생각을 남겨둔다면 조물주도 나를 기피하지 못하고 귀신도 해치지 않을 것이나 만약 일마다 반드시 만족하기를 추구하고 공로도 반드시 완전하기를 바란다면 안으로 변란이 생기지 않으면 반드시 바깥에서 근심을 부르게 된다.

事	事	留	個	有	餘	不	盡	的	意	思	便
일 사	일 사	머무를 유	낱 개	있을 유	남을 여	아닐 부	다할 진	과녁 적	뜻 의	생각 사	문득 변
造	物	不	能	忌	我	鬼	神	不	能	損	我
지을 조	물건 물	아닐 불	능할 능	꺼릴 기	나 아	귀신 귀	귀신 신	아닐 불	능할 능	덜 손	나 아
若	業	必	求	滿	功	必	求	盈	者	不	生
같을 약	업 업	반드시 필	구할 구	찰 만	공 공	반드시 필	구할 구	찰 영	놈 자	아닐 불	날 생
内	變	必	召	外	憂						
안 내	변할 변	반드시 필	부를 소	바깥 외	근심 우						

攻人之惡에 毋太嚴하라. 要思其堪受라.
공인지악 　　무태엄 　　요사기감수

教人以善에 毋過高하라. 當使其可從이니라.
교인이선 　　무과고 　　당사기가종

남의 허물을 꾸짖을 때는 너무 엄하게 하지 말라. 중요한 것은 상대가 그것을 받아들여 감당할 수 있을지를 생각해야 한다. 사람을 선으로 가르치되 지나치게 높아서는 안 되니 마땅히 그가 따를 수 있는 것으로 해야 한다.

攻	人	之	惡	毋	太	嚴	要	思	其	堪	受
칠 공	사람 인	갈 지	악할 악	말 무	클 태	엄할 엄	중요할 요	생각 사	그 기	견딜 감	받을 수

教	人	以	善	毋	過	高	當	使	其	可	從
다스릴 교	사람 인	써 이	착할 선	말 무	지날 과	높을 고	마땅 당	하여금 사	그 기	옳을 가	좇을 종

矜高倨傲는 無非客氣니
긍고거오 무비객기

降伏得客氣下而後에 正氣伸하며
항복득객기하이후 정기신

情欲意識은 盡屬妄心하니
정욕의식 진속망심

消殺得妄心盡而後에 眞心現이라.
소쇄득망심진이후 진심현

뽐내고 오만한 것 중에 객기 아닌 것이 없으니 이 객기를 굴복시켜 물리친 뒤에야 바른 기운이 자라나고 정욕과 생각은 모두가 허망한 마음에 속한 것이니 허망한 마음을 물리친 뒤에야 진심이 나타난다.

矜	高	倨	傲	無	非	客	氣	降	伏	得	客
자랑할 긍	높을 고	거만할 거	거만할 오	없을 무	아닐 비	손 객	기운 기	항복할 항	엎드릴 복	얻을 득	손 객
氣	下	而	後	正	氣	伸	情	欲	意	識	盡
기운 기	아래 하	말 이을 이	뒤 후	바를 정	기운 기	펼칠 신	뜻 정	하고자할 욕	뜻 의	알 식	다할 진
屬	妄	心	消	殺	得	妄	心	盡	而	後	眞
속할 속	망령될 망	마음 심	사라질 소	죽일 쇄	얻을 득	망령될 망	마음 심	다할 진	말 이을 이	뒤 후	참 진
心	現										
마음 심	나타날 현										

居軒冕之中이나 不可無山林的氣味요
거헌면지중　　　　불가무산림적기미

處林泉之下나 須要懷廊廟之經綸이라.
처림천지하　　수요회랑묘지경륜

높은 지위에 있을 때에도 자연에 묻혀 사는 정취가 없어서는 안 되고 자연에 묻혀 있을지라도 모름지기 국가대사를 좌우할 큰 경륜을 품어야 한다.

居	軒	冕	之	中	不	可	無	山	林	的	氣
살 거	수레 헌	면류관 면	갈 지	가운데 중	아닐 불	옳을 가	없을 무	메 산	수풀 림	과녁 적	기운 기
味	處	林	泉	之	下	須	要	懷	廊	廟	之
맛 미	곳 처	수풀 림	샘 천	갈 지	아래 하	모름지기 수	중요할 요	품을 회	복도 랑	사당 묘	갈 지
經	綸										
경서 경	다스릴 륜										

處世에 不必邀功하라. 無過면 便是功이라.
처세 불필요공 무과 변시공
與人에 不求感德하라. 無怨이면 便是德이라.
여인 불구감덕 무원 변시덕

세상을 살아감에 있어서 반드시 성공만을 바라지 말라. 허물이 없으면 그것이 곧 성공이다. 남에게 베풀 때 그 은덕에 감동하기를 바라지 말라. 원망이 없으면 그것이 곧 은덕이다.

處	世	不	必	邀	功	無	過	便	是	功	與
곳 처	인간 세	아닐 불	반드시 필	맞을 요	공로 공	없을 무	허물 과	문득 변	이 시	공로 공	줄 여

人	不	求	感	德	無	怨	便	是	德		
사람 인	아닐 불	구할 구	느낄 감	덕 덕	없을 무	원망할 원	문득 변	이 시	덕 덕		

事窮勢蹙之人은 當原其初心하고
사 궁 세 축 지 인   당 원 기 초 심

功成行滿之士는 要觀其末路니라.
공 성 행 만 지 사   요 관 기 말 로

일이 막히고 세력이 꺾여 위축된 사람은 마땅히 처음 일을 시작할 때의 마음을 생각
해 보아야 하고 공적을 이루고 행동이 만족스런 사람은 마땅히 그 마지막에 대해 관
심을 가지고 살펴야 한다.

事	窮	勢	蹙	之	人	當	原	其	初	心	功
일 사	다할 궁	형세 세	닥칠 축	갈 지	사람 인	마땅 당	근원 원	그 기	처음 초	마음 심	공로 공
成	行	滿	之	士	要	觀	其	末	路		
이룰 성	다닐 행	가득할 만	갈 지	선비 사	주요할 요	볼 관	그 기	끝 말	길 로		

居卑而後에 知登高之爲危하고 處晦而後에
거비이후　　지등고지위위　　　처회이후

知向明之太露하며 守靜而後에 知好動之過勞하고
지향명지태로　　수정이후　　지호동지과로

養默而後에 知多言之爲躁니라.
양묵이후　　지다언지위조

낮은 지위에 있어 본 후에야 높은 곳에 오르는 것이 위태로운 줄 알게 되고 어두운 곳에 있어 보아야 밝은 곳으로 향하는 것이 눈부심을 알 것이며 고요함을 지켜낸 후에야 움직이기 좋아함이 수고로운 것임을 알게 되고 침묵을 수양해 본 후에야 말 많음이 시끄러운 것임을 알게 된다.

居	卑	而	後	知	登	高	之	爲	危	處	晦
살 거	낮을 비	말 이을 이	뒤 후	알 지	오를 등	높을 고	갈 지	할 위	위태할 위	곳 처	어두울 회

而	後	知	向	明	之	太	露	守	靜	而	後
말 이을 이	뒤 후	알 지	향할 향	밝을 명	갈 지	클 태	이슬 로	지킬 수	고요할 정	말 이을 이	뒤 후

知	好	動	之	過	勞	養	默	而	後	知	多
알 지	좋아할 호	움직일 동	갈 지	지날 과	힘쓸 로	기를 양	잠잠할 묵	말 이을 이	뒤 후	알 지	많을 다

言	之	爲	躁								
말씀 언	갈 지	할 위	시끄러울 조								

放得功名富貴之心下라야 便可脫凡하고
방 득 공 명 부 귀 지 심 하 　　　 변 가 탈 범

放得道德仁義之心下라야 纔可入聖이라.
방 득 도 덕 인 의 지 심 하 　　　 재 가 입 성

공명과 부귀에 얽매인 마음을 버려야 범속에서 벗어날 수 있고 인의와 도덕에 대한
마음을 놓아버려야 비로소 성인의 경지에 들어설 수 있다.

放	得	功	名	富	貴	之	心	下	便	可	脫
놓을 방	얻을 득	공 공	이름 명	부유할 부	귀할 귀	갈 지	마음 심	아래 하	문득 변	옳을 가	벗을 탈
凡	放	得	道	德	仁	義	之	心	下	纔	可
무릇 범	놓을 방	얻을 득	길 도	덕 덕	어질 인	의로울 의	갈 지	마음 심	아래 하	비로소 재	옳을 가
入	聖										
들 입	성인 성										

人情은 反復하며 世路는 崎嶇하다.
인정 반복 세로 기구
行不去處에는 須知退一步之法하고
행불거처 수지퇴일보지법
行得去處에는 務加讓三分之功하라.
행득거처 무가양삼분지공

인정은 변하기 쉽고 세상길은 험난하다. 가기 어려운 곳에서는 모름지기 한 걸음 물러설 줄 알고 쉽게 갈 수 있는 곳이라도 약간의 공로를 양보하는 것이 좋다.

人	情	反	復	世	路	崎	嶇	行	不	去	處
사람 **인**	뜻 **정**	돌이킬 **반**	되풀이할 **복**	세상 **세**	길 **로**	험할 **기**	험준할 **구**	다닐 **행**	아닐 **불**	갈 **거**	곳 **처**

須	知	退	一	步	之	法	行	得	去	處	務
모름지기 **수**	알 **지**	물러날 **퇴**	한 **일**	걸음 **보**	갈 **지**	법 **법**	다닐 **행**	얻을 **득**	갈 **거**	곳 **처**	힘쓸 **무**

加	讓	三	分	之	功						
더할 **가**	사양할 **양**	석 **삼**	나눌 **분**	갈 **지**	공 **공**						

待小人에는 不難於嚴이나 而難於不惡하며
대소인　　　 불난어엄　　　 이난어불오
待君子에는 不難於恭이나 而難於有禮라.
대군자　　　 불난어공　　　 이난어유례

소인을 대함에 있어서는 엄하기가 어려운 것이 아니라 미워하지 않기가 어려우며
군자를 대함에 있어서는 공손하기가 어려운 것이 아니라 예를 지키기가 어려운 법
이다.

待	小	人	不	難	於	嚴	而	難	於	不	惡
기다릴 대	작을 소	사람 인	아닐 불	어려울 난	어조사 어	엄할 엄	말 이을 이	어려울 난	어조사 어	아닐 불	미워할 오
待	君	子	不	難	於	恭	而	難	於	有	禮
기다릴 대	임금 군	아들 자	아닐 불	어려울 난	어조사 어	공손할 공	말 이을 이	어려울 난	어조사 어	있을 유	예도 례

寧守渾噩하고 而黜聰明하여
영 수 혼 악   이 출 총 명

留些正氣還天地하며 寧謝紛華하고
유 사 정 기 환 천 지   영 사 분 화

而甘澹泊하여 遺個清名在乾坤하라.
이 감 담 박   유 개 청 명 재 건 곤

차라리 순박함을 지키고 총명함을 물리쳐서 약간의 바른 기운을 남겨 천지에 돌려주고 차라리 화려함을 사양하고 담박함을 달게 여겨 깨끗한 이름을 온 세상에 남기도록 하라.

寧	守	渾	噩	而	黜	聰	明	留	些	正	氣
편안할 영	지킬 수	흐릴 혼	엄숙할 악	말 이을 이	내칠 출	귀 밝을 총	밝을 명	머무를 유	적을 사	바를 정	기운 기
還	天	地	寧	謝	紛	華	而	甘	澹	泊	遺
돌아올 환	하늘 천	땅 지	편안할 영	사양할 사	어지러울 분	화려할 화	말 이을 이	달 감	담백할 담	산뜻할 박	남길 유
個	清	名	在	乾	坤						
낱 개	맑을 청	이름 명	있을 재	하늘 건	땅 곤						

教弟子는 如養閨女하여 最要嚴出入하고
교 제 자   여 양 규 녀   최 요 엄 출 입

謹交遊하니 若一接近匪人하면
근 교 유   약 일 접 근 비 인

是淸淨田中에 下一不淨種子하여
시 청 정 전 중   하 일 부 정 종 자

便終身難植嘉禾라.
변 종 신 난 식 가 화

性氣淸冷者는 受享亦凉薄하니
성 기 청 냉 자   수 향 역 량 박

唯和氣熱心之人이라야 其福亦厚하고 其澤亦長이라.
유 화 기 열 심 지 인   기 복 역 후   기 택 역 장

성품과 기질이 지나치게 맑고 차가운 사람은 복을 받아 누리는 것 또한 차고 박하니
오직 온화한 기질과 마음이 따뜻한 사람이라야 받아서 누릴 수 있는 복 또한 두텁고
오래간다.

제자를 가르치는 것은 마치 규중의 처녀를 기르는 것과 같아서 출입을 엄하게 하고 친구 사귐을 조심해야 한다. 만약 한 번 나쁜 친구와 가까이하게 되면 이는 깨끗한 논밭에 잡초의 씨앗을 뿌리는 것과 같아서 평생토록 좋은 곡식을 심기가 어렵다.

教	弟	子	如	養	閨	女	最	要	嚴	出	入
가르칠 교	아우 제	아들 자	같을 여	기를 양	규방 규	여자 녀	가장 최	요긴할 요	엄할 엄	날 출	들 입
謹	交	遊	若	一	接	近	匪	人	是	淸	淨
삼갈 근	사귈 교	놀 유	만일 약	한 일	이을 접	가까울 근	아닐 비	사람 인	이 시	맑을 청	맑을 정
田	中	下	一	不	淨	種	子	便	終	身	難
밭 전	가운데 중	아래 하	한 일	아닐 부	맑을 정	씨 종	아들 자	문득 변	마칠 종	몸 신	어려울 난
植	嘉	禾									
심을 식	아름다울 가	벼 화									

念頭濃者는 自待厚하고 待人亦厚하여
염두농자   자대후   대인역후

處處皆濃하며 念頭淡者는 自待薄하고
처처개농   염두담자   자대박

待人亦薄하여 事事皆淡이라.
대인역박   사사개담

故로 君子는 居常嗜好에
고   군자   거상기호

不可太濃艶하며 亦不可太枯寂이라.
불가태농염   역불가태고적

市私恩은 不如扶公議요
시사은   불여부공의

結新知는 不如敦舊好라.
결신지   불여돈구호

사사로이 은혜를 베푸는 것은 공의를 위하는 것만 못하고 새로운 친구를 사귀는 것은 옛 친구와의 우정을 두텁게 하는 것만 못하다.

생각이 깊은 사람은 자신뿐 아니라 남에게도 후하여 이르는 곳마다 후하고 생각이 얕은 사람은 자신뿐 아니라 남에게도 각박하여 하는 일마다 야박하다. 그러므로 군자는 평상시에 즐기고 좋아하기를 너무 짙고 화려하게 해서도 안 되고 또한 너무 야박하여 고적하게 해서도 안 된다.

念	頭	濃	者	自	待	厚	待	人	亦	厚	處
생각 염	머리 두	짙을 농	놈 자	스스로 자	기다릴 대	두터울 후	기다릴 대	사람 인	또 역	두터울 후	곳 처
處	皆	濃	念	頭	淡	者	自	待	薄	待	人
곳 처	모두 개	짙을 농	생각 염	머리 두	맑을 담	놈 자	스스로 자	기다릴 대	엷을 박	기다릴 대	사람 인
亦	薄	事	事	皆	淡	故	君	子	居	常	嗜
또 역	엷을 박	일 사	일 사	모두 개	맑을 담	연고 고	임금 군	아들 자	살 거	항상 상	즐길 기
好	不	可	太	濃	艶	亦	不	可	太	枯	寂
좋을 호	아닐 불	옳을 가	클 태	짙을 농	고울 염	또 역	아닐 불	옳을 가	클 태	마를 고	고요할 적

彼富면 我仁이요 彼爵이면 我義라.
피부 아인 피작 아의

君子는 固不爲君相所牢籠이라.
군자 고불위군상소뇌롱

人定하면 勝天하고 志一하면 動氣라.
인정 승천 지일 동기

君子는 亦不受造物之陶鑄라.
군자 역불수조물지도주

상대가 부를 내세우면 나는 인을 내세우고 상대가 지위를 내세우면 나는 의로움을 내세울 것이니 군자는 본디 지위에 농락되지 않는다. 사람이 힘을 모으면 하늘을 이기고 뜻을 하나로 모으면 기질도 움직이게 하는 법이니 군자는 또한 조물주가 만든 운명의 틀 속에 갇히지 않는다.

彼	富	我	仁	彼	爵	我	義	君	子	固	不
저 피	부자 부	나 아	어질 인	저 피	벼슬 작	나 아	의로울 의	임금 군	아들 자	굳을 고	아닐 불

爲	君	相	所	牢	籠	人	定	勝	天	志	一
할 위	임금 군	서로 상	바 소	감옥 뇌	새장 롱	사람 인	정할 정	이길 승	하늘 천	뜻 지	한 일

動	氣	君	子	亦	不	受	造	物	之	陶	鑄
움직일 동	기운 기	임금 군	아들 자	또 역	아닐 불	받을 수	지을 조	물건 물	갈 지	질그릇 도	쇠 부을 주

學者는 要收拾精神하여 倂歸一路라.
학자 요수습정신 병귀일로

如修德에 而留意於事功名譽하면 必無實詣하며
여수덕 이유의어사공명예 필무실예

讀書에 而寄興於吟咏風雅하면 定不深心이라.
독서 이기흥어음영풍아 정불심심

배우는 사람은 정신을 가다듬어 뜻을 한 곳으로 모아야 한다. 만일 덕을 닦으면서 뜻을 공적이나 명예에 둔다면 진리의 깊은 경지에 다다를 수 없고 책을 읽으면서 감흥을 시나 읊고 풍류를 즐기는 데 머문다면 결코 깊은 핵심에는 다다를 수 없다.

學	者	要	收	拾	精	神	倂	歸	一	路	如
배울 학	놈 자	중요할 요	거둘 수	주울 습	정할 정	귀신 신	아우를 병	돌아갈 귀	한 일	길 로	같을 여

修	德	而	留	意	於	事	功	名	譽	必	無
닦을 수	덕 덕	말 이을 이	머무를 유	뜻 의	어조사 어	일 사	공 공	이름 명	기릴 예	반드시 필	없을 무

實	詣	讀	書	而	寄	興	於	吟	咏	風	雅
열매 실	이를 예	읽을 독	책 서	말 이을 이	부칠 기	일어날 흥	어조사 어	읊을 음	노래할 영	바람 풍	맑을 아

定	不	深	心								
정할 정	아닐 불	깊을 심	마음 심								

肝受病하면 則目不能視하고
간 수 병   즉 목 불 능 시

腎受病하면 則耳不能聽하니
신 수 병   즉 이 불 능 청

病受於人所不見하여 必發於人所共見이라.
병 수 어 인 소 불 견   필 발 어 인 소 공 견

故로 君子는 欲無得罪於昭昭어든
고   군 자   욕 무 득 죄 어 소 소

先無得罪於冥冥하라.
선 무 득 죄 어 명 명

曲意而使人喜는 不若直躬而使人忌하고
곡 의 이 사 인 희   불 약 직 궁 이 사 인 기

無善而致人譽는 不若無惡而致人毁니라.
무 선 이 치 인 예   불 약 무 악 이 치 인 훼

뜻을 굽혀 사람들의 환심을 얻기보다는 자신을 곧게 지켜 사람들의 미움을 받는 게
낫고 선행 없이 남의 칭찬 받기보다는 나쁜 일을 하지 않고도 사람들의 비방을 받는
게 낫다.

간이 병들면 눈이 멀게 되고 콩팥이 병들면 귀가 들리지 않게 되니 병은 사람이 볼 수 없는 데서 생겨서 반드시 사람이 볼 수 있는 곳에 나타난다. 그러므로 군자는 밝은 곳에서 죄를 짓지 않으려면 먼저 어두운 곳에서 죄를 짓는 일이 없어야 한다.

肝	受	病	則	目	不	能	視	腎	受	病	則
간 간	받을 수	병 병	곧 즉	눈 목	아닐 불	능할 능	볼 시	콩팥 신	받을 수	병 병	곧 즉

耳	不	能	聽	病	受	於	人	所	不	見	必
귀 이	아닐 불	능할 능	들을 청	병 병	받을 수	어조사 어	사람 인	바 소	아닐 불	볼 견	반드시 필

發	於	人	所	共	見	故	君	子	欲	無	得
필 발	어조사 어	사람 인	바 소	함께 공	볼 견	연고 고	임금 군	아들 자	하고자할 욕	없을 무	얻을 득

罪	於	昭	昭	先	無	得	罪	於	冥	冥	
허물 죄	어조사 어	밝을 소	밝을 소	먼저 선	없을 무	얻을 득	허물 죄	어조사 어	어두울 명	어두울 명	

福莫福於少事하고 禍莫禍於多心이니
복막복어소사　　화막화어다심

唯苦事者라야 方知少事之爲福이요
유고사자　　방지소사지위복

唯平心者라야 始知多心之爲禍니라.
유평심자　　시지다심지위화

복은 일이 적은 것보다 더한 복이 없고 재앙은 마음 쓸 일이 많은 것보다 더한 재앙
이 없으니 오직 일에 시달려 본 사람만이 일이 적은 것이 복된 줄 알고 오직 마음이
화평한 사람만이 마음 쓸 일이 많은 것이 재앙임을 알게 된다.

福	莫	福	於	少	事	禍	莫	禍	於	多	心
복 복	없을 막	복 복	어조사 어	적을 소	일 사	재앙 화	없을 막	재앙 화	어조사 어	많을 다	마음 심
唯	苦	事	者	方	知	少	事	之	爲	福	唯
오직 유	괴로울 고	일 사	놈 자	모 방	알 지	적을 소	일 사	갈 지	할 위	복 복	오직 유
平	心	者	始	知	多	心	之	爲	禍		
평평할 평	마음 심	놈 자	비로소 시	알 지	많을 다	마음 심	갈 지	할 위	재앙 화		

我有功於人은 不可念이나 而過則不可不念이요
아유공어인 불가념 이과즉불가불념

人有恩於我는 不可忘이나
인유은어아 불가망

而怨則不可不忘이라.
이원즉불가불망

내가 남에게 베푼 것은 마음에 새겨 두지 말고 내가 남에게 잘못한 것은 마음 깊이 새겨 두며 남이 내게 베푼 은혜는 잊지 말고 남이 내게 끼친 원망은 잊지 않으면 안 된다.

我	有	功	於	人	不	可	念	而	過	則	不
나 아	있을 유	공 공	어조사 어	사람 인	아닐 불	옳을 가	생각 념	말 이을 이	지날 과	곧 즉	아닐 불

可	不	念	人	有	恩	於	我	不	可	忘	而
옳을 가	아닐 불	생각 념	사람 인	있을 유	은혜 은	어조사 어	나 아	아닐 불	옳을 가	잊을 망	말 이을 이

怨	則	不	可	不	忘						
원망할 원	곧 즉	아닐 불	옳을 가	아닐 불	잊을 망						

施恩者가 内不見己하고 外不見人하면
시은자 내불현기 외불현인

則斗粟도 可當萬鍾之惠라.
즉두속 가당만종지혜

利物者가 計己之施하고 責人之報하면
이물자 계기지시 책인지보

雖百鎰이라도 難成一文之功이라.
수백일 난성일문지공

은혜를 베푸는 사람이 안으로 자신을 의식하지 않고 밖으로 받을 사람을 의식하지 않는다면 곧 한 말의 곡식도 수만 섬의 은혜가 된다. 남을 이롭게 하는 사람이 자기가 베푼 은혜를 따지고 보상을 바란다면 비록 아무리 많은 돈일지라도 한 푼의 공로도 이루기 어려울 것이다.

施	恩	者	内	不	見	己	外	不	見	人	則
베풀 시	은혜 은	놈 자	안 내	아닐 불	나타날 현	몸 기	바깥 외	아닐 불	나타날 현	사람 인	곧 즉
斗	粟	可	當	萬	鍾	之	惠	利	物	者	計
말 두	조 속	옳을 가	마땅 당	일만 만	쇠북 종	갈 지	은혜 혜	이로울 이	물건 물	놈 자	셈할 계
己	之	施	責	人	之	報	雖	百	鎰	難	成
몸 기	갈 지	베풀 시	꾸짖을 책	사람 인	갈 지	갚을 보	비록 수	일백 백	근 일	어려울 난	이룰 성
一	文	之	功								
한 일	글월 문	갈 지	공 공								

奢者는 富而不足하나니
사 자 부이부족

何如儉者의 貧而有餘리오.
하 여검자 빈이유여

能者는 勞而府怨하나니
능 자 노이부원

何如拙者의 逸而全眞이리오.
하 여졸자 일이전진

사치스러운 사람은 아무리 부유해도 만족을 모르니 어찌 검소한 사람의 가난 속의
여유와 견줄 수 있겠는가. 유능한 사람은 애써 수고하면서도 원망을 불러들이니 어
찌 서툰 사람의 한가하면서 천성을 보전하는 것과 같을 수 있겠는가.

奢	者	富	而	不	足	何	如	儉	者	貧	而
사치할 사	놈 자	부자 부	말 이을 이	아닐 부	발 족	어찌 하	같을 여	검소할 검	놈 자	가난할 빈	말 이을 이
有	餘	能	者	勞	而	府	怨	何	如	拙	者
있을 유	남을 여	능할 능	놈 자	힘쓸 노	말 이을 이	마을 부	원망할 원	어찌 하	같을 여	졸할 졸	놈 자
逸	而	全	眞								
편안할 일	말 이을 이	온전할 전	참 진								

讀書하되 不見聖賢하면 爲鉛槧傭이요
독서 불견성현 위연참용

居官하되 不愛子民하면 爲衣冠盜요
거관 불애자민 위의관도

講學하되 不尚躬行이면 爲口頭禪이요
강학 불상궁행 위구두선

立業하되 不思種德하면 爲眼前花라.
입업 불사종덕 위안전화

君子는 居安에는 宜操一心以慮患하고
군자 거안 의조일심이려환

處變에는 當堅百忍以圖成이라.
처변 당견백인이도성

군자는 편안할 때에 마음을 한결같이 바르게 지켜 후환을 없게 하고 변고를 당했을 때는 마땅히 백 번을 참고 견디어 성공을 도모해야 한다.

글을 읽어도 성현을 보지 못하면 글씨나 옮겨 써주는 사람에 불과하고 공직에 있으면서 백성을 사랑하지 않으면 의관을 걸쳐 입은 도둑이 될 것이며 학문을 가르치면서 몸소 실천하지 않는다면 말로만 참선하는 공염불이 될 것이며 큰 사업을 세우고도 덕을 심는 것을 생각하지 않으면 눈앞에서 잠깐 피고 지는 꽃처럼 덧없는 것이 될 뿐이다.

讀	書	不	見	聖	賢	爲	鉛	慚	傭	居	官
읽을 독	책 서	아닐 불	볼 견	성인 성	어질 현	할 위	납 연	판 참	품팔 용	살 거	벼슬 관
不	愛	子	民	爲	衣	冠	盜	講	學	不	尙
아닐 불	사랑 애	아들 자	백성 민	할 위	옷 의	갓 관	도둑 도	강론할 강	배울 학	아닐 불	숭상할 상
躬	行	爲	口	頭	禪	立	業	不	思	種	德
몸 궁	다닐 행	할 위	입 구	머리 두	참선할 선	설 입	업 업	아닐 불	생각 사	씨 종	덕 덕
爲	眼	前	花								
할 위	눈 안	앞 전	꽃 화								

春至時和하면 花尙鋪一段好色하고
춘 지 시 화   화 상 포 일 단 호 색

鳥且囀幾句好音하니
조 차 전 기 구 호 음

士君子가 幸列頭角하고
사 군 자   행 렬 두 각

復遇溫飽하여 不思立好言行好事하면
부 우 온 포   불 사 립 호 언 행 호 사

雖是在世百年이라도 恰似未生一日이라.
수 시 재 세 백 년   흡 사 미 생 일 일

遇沈沈不語之士어든 且莫輸心하고
우 침 침 불 어 지 사   차 막 수 심

見悻悻自好之人이어든 應須防口하라.
견 행 행 자 호 지 인   응 수 방 구

음침하게 말이 없는 사람을 만나면 나 또한 본심을 털어놓지 말고 화를 잘 내며 잘난
체하는 사람을 만나면 마땅히 입을 다물어라.

봄이 되어 화창하면 꽃들은 한층 더 아름다운 색으로 피고 새도 또한 몇 마디 고운
노래를 지저귄다. 선비가 다행히 세상에 두각을 나타내어 부유하게 살면서도 좋은
말과 좋은 일하기를 생각하지 않으면 백년을 살아도 하루도 살지 않음과 같다.

春	至	時	和	花	尙	鋪	一	段	好	色	鳥
봄 춘	이를 지	때 시	화할 화	꽃 화	오히려 상	펼 포	한 일	층계 단	좋을 호	빛 색	새 조
且	囀	幾	句	好	音	士	君	子	幸	列	頭
또 차	지저귈 전	몇 기	구절 구	좋을 호	소리 음	선비 사	임금 군	아들 자	다행 행	벌일 렬	머리 두
角	復	遇	溫	飽	不	思	立	好	言	行	好
뿔 각	다시 부	만날 우	따뜻할 온	배부를 포	아닐 불	생각 사	설 립	좋을 호	말씀 언	다닐 행	좋을 호
事	雖	是	在	世	百	年	恰	似	未	生	一
일 사	비록 수	이 시	있을 재	인간 세	일백 백	해 년	마치 흡	같을 사	아닐 미	날 생	한 일
日											
날 일											

眞廉은 無廉名이니 立名者는 正所以爲貪이오.
진렴 무렴명 입명자 정소이위탐

大巧는 無巧術이니 用術者는 乃所以爲拙이라.
대교 무교술 용술자 내소이위졸

진정한 청렴은 청렴하다는 이름조차 붙일 수 없고 명성을 드러내는 사람은 바로 탐욕스럽기 때문이다. 뛰어난 재주에는 별달리 교묘한 재주가 없으니 재주를 부리는 것은 그 바탕이 졸렬하여 뛰어나지 못하기 때문이다.

眞	廉	無	廉	名	立	名	者	正	所	以	爲
참 진	청렴할 렴	없을 무	청렴할 렴	이름 명	설 입	이름 명	놈 자	바를 정	바 소	써 이	할 위
貪	大	巧	無	巧	術	用	術	者	乃	所	以
탐낼 탐	클 대	교묘할 교	없을 무	교묘할 교	재주 술	쓸 용	재주 술	놈 자	이에 내	바 소	써 이
爲	拙										
할 위	옹졸할 졸										

名根未拔者는 縱輕千乘甘一瓢라도
명 근 미 발 자　　종 경 천 승 감 일 표

總墮塵情이요
총 타 진 정

客氣未融者는 雖澤四海利萬世라도
객 기 미 융 자　　수 택 사 해 리 만 세

終爲剩技니라.
종 위 잉 기

이름과 이익을 탐하는 생각을 뿌리 뽑지 못한 사람은 비록 제왕의 부를 가볍게 여기고 한 표주박의 물을 달게 여길지라도 사실은 세속의 욕망에 떨어진 것이요 쓸모없는 용기가 완전히 사라지지 않은 사람은 비록 천하에 은덕을 베풀고 만대에 이익을 끼칠지라도 결국은 쓸모없는 재주에 그칠 뿐이다.

名	根	未	拔	者	縱	輕	千	乘	甘	一	瓢
이름 명	뿌리 근	아닐 미	뺄 발	놈 자	비록 종	가벼울 경	하늘 천	탈 승	달 감	한 일	표주박 표

總	墮	塵	情	客	氣	未	融	者	雖	澤	四
모두 총	떨어질 타	티끌 진	뜻 정	나그네 객	기운 기	아닐 미	녹을 융	놈 자	비록 수	못 택	넉 사

海	利	萬	世	終	爲	剩	技
바다 해	이로울 리	일만 만	인간 세	마칠 종	할 위	남을 잉	재주 기

心體光明하면 暗室中에 有靑天이요
심체광명 　　　 암실중 　 유청천

念頭暗昧하면 白日下에 生屬鬼니라.
염두암매 　　　 백일하 　 생려귀

마음 바탕이 밝으면 어두운 방 가운데서도 푸른 하늘이 있고 생각이 어두우면 환한
대낮에도 귀신이 나타나는 법이다.

心	體	光	明	暗	室	中	有	靑	天	念	頭
마음 심	몸 체	빛 광	밝을 명	어두울 암	집 실	가운데 중	있을 유	푸를 청	하늘 천	생각 염	머리 두

暗	昧	白	日	下	生	屬	鬼				
어두울 암	어두울 매	흰 백	날 일	아래 하	날 생	갈 려	귀신 귀				

人知名位爲樂하고
인 지 명 위 위 락

不知無名無位之樂爲最眞하며
부 지 무 명 무 위 지 락 위 최 진

人知饑寒爲憂하고
인 지 기 한 위 우

不知不饑不寒之憂爲更甚이라.
부 지 불 기 불 한 지 우 위 갱 심

사람들은 명예와 높은 지위만을 즐거움인 줄 알지만 이름 없고 지위 없는 즐거움이 가장 참된 즐거움인 줄 모른다. 사람들은 굶주리고 추운 것만이 근심인 줄 알지만 굶주리지 않고 춥지 않은 데서 발생되는 근심이 더욱 큰 근심인 줄 모른다.

人	知	名	位	爲	樂	不	知	無	名	無	位
사람 인	알 지	이름 명	자리 위	할 위	즐거울 락	아닐 부	알 지	없을 무	이름 명	없을 무	자리 위
之	樂	爲	最	眞	人	知	饑	寒	爲	憂	不
갈 지	즐거울 락	할 위	가장 최	참 진	사람 인	알 지	굶주릴 기	찰 한	할 위	근심 우	아닐 부
知	不	饑	不	寒	之	憂	爲	更	甚		
알 지	아닐 불	굶주릴 기	아닐 불	찰 한	갈 지	근심 우	할 위	다시 갱	심할 심		

天地機緘(천지기함)은 不測(불측)하여 抑而伸(억이신)하고 伸而抑(신이억)하니
皆是播弄英雄(개시파롱영웅)하고 顚倒豪傑處(전도호걸처)라.
君子(군자)는 只是逆來順受(지시역래순수)하고 居安思危(거안사위)하니
天亦無所用其伎倆矣(천역무소용기기량의)라.

하늘의 기밀은 헤아릴 수 없어 눌렀다가 펴고, 폈다가 다시 누르니 이것은 영웅을 조롱하고 호걸을 전복시키는 것이다. 군자는 천운이 역으로 와도 순리로 받아들이고 평온함 속에서도 위태로움을 생각하기 때문에 하늘도 마음대로 할 수가 없다.

天	地	機	緘	不	測	抑	而	伸	伸	而	抑
하늘 천	땅 지	기틀 기	봉할 함	아닐 불	헤아릴 측	누를 억	말 이을 이	펼 신	펼 신	말 이을 이	누를 억
皆	是	播	弄	英	雄	顚	倒	豪	傑	處	君
다 개	이 시	심을 파	희롱할 롱	꽃뿌리 영	수컷 웅	정수리 전	넘어질 도	호걸 호	뛰어날 걸	곳 처	임금 군
子	只	是	逆	來	順	受	居	安	思	危	天
아들 자	다만 지	이 시	거스를 역	올 래	순할 순	받을 수	살 거	편안할 안	생각 사	위태할 위	하늘 천
亦	無	所	用	其	伎	倆	矣				
또 역	없을 무	바 소	쓸 용	그 기	재간 기	재주 량	어조사 의				

福不可徼 養喜神하여 以爲召福之本而已요
복 불 가 요   양 희 신   이 위 소 복 지 본 이 이

禍不可避니 去殺機하여
화 불 가 피   거 살 기

以爲遠禍之方而已니라.
이 위 원 화 지 방 이 이

복은 마음대로 구할 수가 없는 것이니 스스로 즐거운 마음을 길러서 복을 부르는 바탕으로 삼아야 하고 재앙은 마음대로 피할 수가 없는 것이니 남을 해치려는 마음을 버려 재앙을 멀리하는 방편으로 삼아야 한다.

福	不	可	徼	養	喜	神	以	爲	召	福	之
복 복	아닐 불	옳을 가	구할 요	기를 양	기쁠 희	귀신 신	써 이	할 위	부를 소	복 복	갈 지

本	而	已	禍	不	可	避	去	殺	機	以	爲
근본 본	말이을 이	이미 이	재앙 화	아닐 불	옳을 가	피할 피	갈 거	죽일 살	기틀 기	써 이	할 위

遠	禍	之	方	而	已						
멀 원	재앙 화	갈 지	모 방	말 이을 이	이미 이						

十語九中이라도 未必稱奇나
십어구중   미필칭기

一語不中이면 則愆尤騈集하며
일어부중   즉건우병집

十謀九成이라도 未必歸功이나
십모구성   미필귀공

一謀不成이면 則訾議叢興하니
일모불성   즉자의총흥

君子는 所以寧默이언정 毋躁하고
군자   소이녕묵   무조

寧拙이언정 毋巧니라.
영졸   무교

覺人之詐라도 不形於言하고 受人之侮라도 不動於色하면
각인지사   불형어언   수인지모   부동어색

此中에 有無窮意味하며 亦有無窮受用이라.
차중   유무궁의미   역유무궁수용

남이 속이는 줄 알면서도 말하지 않고 남에게 모욕을 당해도 낯빛이 변하지 않는다
면 그 속에 무한한 의미와 효용이 있다.

열 마디 말 중에 아홉이 맞아도 반드시 신기하다 칭찬하지 않지만 한 마디만 들어맞지 않아도 비난의 목소리가 사방에 가득 차고 열 가지 계획 중에서 아홉을 달성시켜도 공로가 반드시 내게로 돌아오지 않지만 한 가지만 실패해도 비난하는 목소리가 일시에 일어난다. 군자는 차라리 침묵할지언정 섣불리 떠들지 않으며 모르는 척할지언정 아는 체하지 않는 것은 그 때문이다.

十	語	九	中	未	必	稱	奇	一	語	不	中
열 십	말씀 어	아홉 구	가운데 중	아닐 미	반드시 필	일컬을 칭	기이할 기	한 일	말씀 어	아닐 부	가운데 중
則	愆	尤	騈	集	十	謀	九	成	未	必	歸
곧 즉	허물 건	더욱 우	나란히 할 병	모일 집	열 십	꾀할 모	아홉 구	이룰 성	이닐 미	반드시 필	돌아갈 귀
功	一	寧	不	成	則	呰	議	叢	興	君	子
공 공	한 일	꾀 모	아닐 불	이룰 성	곧 즉	비방할 자	의논할 의	모일 총	일어날 흥	임금 군	아들 자
所	以	寧	默	毋	躁	寧	拙	毋	巧		
바 소	써 이	편안할 녕	잠잠할 묵	말 무	성급할 조	편안할 영	졸할 졸	말 무	기교 교		

一苦一樂을 相磨練하여
일 고 일 락　상 마 련

練極而成福者는 其福이 始久하고
연 극 이 성 복 자　기 복　시 구

一疑一信을 相參勘하여
일 의 일 신　상 참 감

勘極而成知者는 其知가 始眞이라.
감 극 이 성 지 자　기 지　시 진

하나의 괴로움과 하나의 즐거움을 고루 연마하여 연마한 끝에 얻은 행복이어야 오래
가고 하나의 의심과 하나의 믿음을 고루 겪고 거기서 얻은 지식이어야 참 지식이다.

一	苦	一	樂	相	磨	練	練	極	而	成	福
한 일	괴로울 고	한 일	즐거울 락	서로 상	갈 마	단련할 련	단련할 연	다할 극	말 이을 이	이룰 성	복 복

者	其	福	始	久	一	疑	一	信	相	參	勘
놈 자	그 기	복 복	비로소 시	오랠 구	한 일	의심할 의	한 일	믿을 신	서로 상	참여할 참	견딜 감

勘	極	而	成	知	者	其	知	始	眞		
견딜 감	다할 극	말 이을 이	이룰 성	알 지	놈 자	그 기	알 지	비로소 시	참 진		

心不可不虛니 虛則義理來居하고
심 불 가 불 허　　허 즉 의 리 래 거
心不可不實이니 實則物欲不入이니라.
심 불 가 불 실　　실 즉 물 욕 불 입

마음은 비워 두지 않으면 안 되는 것이니 마음을 비워야 정의와 진리가 그곳에 와서
살 것이고 마음은 충만하지 않으면 안 되는 것이니 마음이 충만하면 물욕이 들어올
수가 없다.

心	不	可	不	虛	虛	則	義	理	來	居	心
마음 심	아닐 불	옳을 가	아닐 불	빌 허	빌 허	곧 즉	의로울 의	다스릴 리	올 래	살 거	마음 심
不	可	不	實	實	則	物	欲	不	入		
아닐 불	옳을 가	아닐 불	열매 실	열매 실	곧 즉	물건 물	하고자할 욕	아닐 불	들 입		

地之穢者는 多生物하고
지 지 예 자   다 생 물

水之淸者는 常無魚라.
수 지 청 자   상 무 어

故로 君子는 當存含垢納汚之量하고
고   군 자   당 존 함 구 납 오 지 량

不可持好潔獨行之操라.
불 가 지 호 결 독 행 지 조

땅이 더러우면 생물이 무성하지만 물이 맑으면 항상 고기가 없는 법이다. 그러므로 군자는 때 묻고 더러움도 받아들이는 도량을 가져야 하고 깨끗함을 좋아하여 홀로 행하는 지조를 가지는 것은 올바른 처신이 아니다.

地	之	穢	者	多	生	物	水	之	淸	者	常
땅 지	갈 지	더러울 예	놈 자	많을 다	날 생	물건 물	물 수	갈 지	맑을 청	놈 자	항상 상
無	魚	故	君	子	當	存	含	垢	納	汚	之
없을 무	고기 어	연고 고	임금 군	아들 자	마땅할 당	있을 존	머금을 함	때 구	들 납	더러울 오	갈 지
量	不	可	持	好	潔	獨	行	之	操		
헤아릴 량	아닐 불	옳을 가	가질 지	좋을 호	깨끗할 결	홀로 독	행할 행	갈 지	잡을 조		

圖未就之功은 不如保已成之業이요
도 미 취 지 공　　불 여 보 이 성 지 업

悔旣往之失은 不如防將來之非라.
회 기 왕 지 실　　불 여 방 장 래 지 비

아직 시작하지 않은 일의 공로를 도모하는 것은 이미 이루어 놓은 공을 잘 보전함만 못하고 이미 지나간 실수를 후회하는 것은 앞으로 다가올 잘못을 예방함만 못하다.

圖	未	就	之	功	不	如	保	已	成	之	業
꾀할 도	아닐 미	나아갈 취	갈 지	공 공	아닐 불	같을 여	지킬 보	이미 이	이룰 성	갈 지	일 업
悔	旣	往	之	失	不	如	防	將	來	之	非
뉘우칠 회	이미 기	갈 왕	갈 지	잃을 실	아닐 불	같을 여	막을 방	장수 장	올 래	갈 지	아닐 비

氣象_은 要高曠_{이나} 而不可疎狂_{하고}
기 상　요 고 광　　이 불 가 소 광

心思_는 要縝密_{이나} 而不可瑣屑_{하며}
심 사　요 진 밀　　이 불 가 쇄 설

趣味_는 要冲淡_{이나} 而不可偏枯_{하고}
취 미　요 충 담　　이 불 가 편 고

操守_는 要嚴明_{이나} 而不可激烈_{이라.}
조 수　요 엄 명　　이 불 가 격 렬

채근담 속 명언 엿보기

一念慈祥_은 可以醞釀兩間和氣_요
일 념 자 상　　가 이 온 양 양 간 화 기

寸心潔白_은 可以昭垂百代淸芬_{이라.}
촌 심 결 백　　가 이 소 수 백 대 청 분

하나의 자비심이 천지간의 온화한 기운을 빚어내며 조그마한 마음의 결백이 향기로
운 이름을 백대에 밝게 드리운다.

사람의 기상은 높고 넓어야 하나 허술하거나 거칠어서는 안 되고 마음은 빈틈이 없어야 하지만 자질구레해서는 안 되며 취미는 담박한 것이 좋지만 치우치거나 메말라서는 안 되고 지조는 엄정하고 명백하게 지켜야 하지만 과격해서는 안 된다.

氣	象	要	高	曠	而	不	可	疎	狂	心	思
기운 기	코끼리 상	요긴할 요	높을 고	넓을 광	말 이을 이	아닐 불	옳을 가	섬길 소	사나울 광	마음 심	생각 사
要	縝	密	而	不	可	瑣	屑	趣	味	要	冲
요긴할 요	촘촘할 진	빽빽할 밀	말 이을 이	아닐 불	옳을 가	가루 쇄	가루 설	뜻 취	맛 미	요긴할 요	회할 충
淡	而	不	可	偏	枯	操	守	要	嚴	明	而
묽을 담	말 이을 이	아닐 불	옳을 가	치우칠 편	마를 고	잡을 조	지킬 수	요긴할 요	엄할 엄	밝을 명	말 이을 이
不	可	激	烈								
아닐 불	옳을 가	과격할 격	세찰 렬								

風來疎竹에 風過而竹不留聲하고
풍래소죽   풍과이죽불유성
雁度寒潭에 雁去而潭不留影이라.
안도한담   안거이담불유영
故로 君子는 事來而心始現하고 事去而心隨空이라.
고 군자 사래이심시현   사거이심수공

바람이 성긴 대숲에 불어와도 바람이 지나가면 대나무는 소리를 남기지 않고 기러기가 차가운 연못을 지나가도 기러기가 가고 나면 연못은 그림자를 남기지 않는다. 그러므로 군자는 일이 생기면 비로소 마음을 드러내고 일이 지나가면 마음도 따라서 비워 놓는다.

風	來	疎	竹	風	過	而	竹	不	留	聲	雁
바람 풍	올 래	성길 소	대나무 죽	바람 풍	지날 과	말 이을 이	대나무 죽	아닐 불	머무를 유	소리 성	기러기 안
度	寒	潭	雁	去	而	潭	不	留	影	故	君
건널 도	찰 한	못 담	기러기 안	갈 거	말 이을 이	못 담	아닐 불	머무를 유	그림자 영	연고 고	임금 군
子	事	來	而	心	始	現	事	去	而	心	隨
아들 자	일 사	올 래	말 이을 이	마음 심	비로소 시	나타날 현	일 사	갈 거	말 이을 이	마음 심	따를 수
空											
빌 공											

閑中_{한중}에 不放過_{불방과}하면 忙處_{망처}에 有受用_{유수용}하고
靜中_{정중}에 不落空_{불락공}하면 動處_{동처}에 有受用_{유수용}하며
暗中_{암중}에 不欺隱_{불기은}하면 明處_{명처}에 有受用_{유수용}이라.

한가할 때에 헛되이 시간을 보내지 않으면 바쁠 때에 쓸모가 있고 고요할 때에 마음을 산만하게 하지 않으면 활동할 때에 쓸모가 있으며 암울할 때에 속이고 감추는 일이 없으면 밝을 때에 쓸모가 있다.

閑	中	不	放	過	忙	處	有	受	用	靜	中
한가할 한	가운데 중	아닐 불	놓을 방	지날 과	바쁠 망	곳 처	있을 유	받을 수	쓸 용	고요할 정	가운데 중

不	落	空	動	處	有	受	用	暗	中	不	欺
아닐 불	떨어질 락	빌 공	움직일 동	곳 처	있을 유	받을 수	쓸 용	어두울 암	가운데 중	아닐 불	속일 기

隱	明	處	有	受	用		
숨을 은	밝을 명	곳 처	있을 유	받을 수	쓸 용		

舍己어든 毋處其疑하라.
사 기   무 처 기 의

處其疑하면 卽所舍之志에 多愧矣리라.
처 기 의   즉 소 사 지 지   다 괴 의

施人커든 毋責其報하라.
시 인   무 책 기 보

責其報하면 倂所施之心이 俱非矣니라.
책 기 보   병 소 시 지 심   구 비 의

자기를 희생하여 일하기로 했다면 거기에 의구심을 갖지 말라. 의심하게 되면 곧 자신의 결심에 부끄러움을 느낄 것이다. 남에게 베풀었다면 그 보답을 바라지 말라. 보답을 바란다면 베풀었던 마음까지 비난받게 될 것이다.

舍	己	毋	處	其	疑	處	其	疑	卽	所	舍
버릴 사	몸 기	말 무	곳 처	그 기	의심할 의	곳 처	그 기	의심할 의	곧 즉	바 소	버릴 사
之	志	多	愧	矣	施	人	毋	責	其	報	責
갈 지	뜻 지	많을 다	부끄러워할 괴	어조사 의	베풀 시	사람 인	말 무	꾸짖을 책	그 기	갚을 보	꾸짖을 책
其	報	倂	所	施	之	心	俱	非	矣		
그 기	갚을 보	아우를 병	바 소	베풀 시	갈 지	마음 심	함께 구	아닐 비	어조사 의		

平民도 肯種德施惠하면 便是無位的公相이요
평민 긍종덕시혜 변시무위적공상

士夫도 徒貪權市寵하면 竟成有爵的乞人이라.
사부 도탐권시총 경성유작적걸인

평범한 백성이라도 기꺼이 덕을 쌓고 은혜를 베풀면 벼슬 없는 재상이 되고 사대부
라도 한낱 권세를 탐닉하고 은총을 판다면 결국 벼슬 있는 걸인이 되는 것이다.

平	民	肯	種	德	施	惠	便	是	無	位	的
평평할 평	백성 민	즐길 긍	종자 종	덕 덕	베풀 시	은혜 혜	문득 변	이 시	없을 무	자리 위	과녁 적

公	相	士	夫	徒	貪	權	市	寵	竟	成	有
공평할 공	서로 상	선비 사	지아비 부	무리 도	탐할 탐	권세 권	저자 시	총애할 총	마침내 경	이룰 성	있을 유

爵	的	乞	人								
벼슬 작	과녁 적	빌 걸	사람 인								

君子而詐善_은 無異小人之肆惡_{이요}
군 자 이 사 선　　　무 이 소 인 지 사 악

君子而改節_은 不及小人之自新_{이라.}
군 자 이 개 절　　　불 급 소 인 지 자 신

군자가 선함을 가장하여 남을 속이면 소인이 악을 거침없이 행하는 것과 같고 군자가 편익에 따라 절개를 바꾸는 것은 소인이 스스로 새로워지려 노력하는 정도에도 미치지 못한 것이다.

君	子	而	詐	善	無	異	小	人	之	肆	惡
임금 군	아들 자	말 이을 이	속일 사	착할 선	없을 무	다를 이	작을 소	사람 인	갈 지	방자할 사	악할 악

君	子	而	改	節	不	及	小	人	之	自	新
임금 군	아들 자	말 이을 이	고칠 개	마디 절	아닐 불	미칠 급	작을 소	사람 인	갈 지	스스로 자	새로울 신

不責人小過하고 不發人陰私하며
불책인소과   불발인음사

不念人舊惡하라.
불념인구악

三者는 可以養德하고 亦可以遠害니라.
삼자   가이양덕   역가이원해

남의 작은 허물을 꾸짖지 말고 남의 비밀을 들추어내지 말며 남의 지난날의 잘못을
마음에 두지 말라. 이 세 가지는 가히 덕을 기르고 또한 재앙을 멀리할 수 있다.

不	責	人	小	過	不	發	人	陰	私	不	念
아닐 불	꾸짖을 책	사람 인	작을 소	허물 과	아닐 불	필 발	사람 인	그늘 음	사사로울 사	아닐 불	생각 념
人	舊	惡	三	者	可	以	養	德	亦	可	以
사람 인	옛 구	악할 악	석 삼	놈 자	옳을 가	써 이	기를 양	덕 덕	또 역	옳을 가	써 이
遠	害										
멀 원	해로울 해										

老來疾病은 都是壯時招的이요
노 래 질 병   도 시 장 시 초 적

衰後罪孼은 都是盛時作的이라.
쇠 후 죄 얼   도 시 성 시 작 적

故로 持盈履滿을 君子尤兢兢焉이라.
고   지 영 리 만   군 자 우 긍 긍 언

늙어서 생기는 질병은 모두 젊어서 불러들인 것이며 쇠퇴한 후의 재앙은 모두 흥성할 때에 만들어진 것들이니 그러므로 군자는 부귀를 누리고 있을 때에 더욱 삼가고 조심해야 한다.

老	來	疾	病	都	是	壯	時	招	的	衰	後
늙을 노	올 래	병 질	병 병	도읍 도	이 시	건장할 장	때 시	부를 초	과녁 적	쇠할 쇠	뒤 후
罪	孼	都	是	盛	時	作	的	故	持	盈	履
허물 죄	서자 얼	도읍 도	이 시	성할 성	때 시	지을 작	과녁 적	연고 고	가질 지	찰 영	밟을 리
滿	君	子	尤	兢	兢	焉					
찰 만	임금 군	아들 자	더욱 우	조심할 긍	조심할 긍	어조사 언					

公平正論_은 不可犯手_니 一犯_{하면}
공 평 정 론   불 가 범 수   일 범

則貽羞萬世_{하고} 權門私竇_는 不可著脚_{이니}
즉 이 수 만 세   권 문 사 두   불 가 착 각

一著_{하면} 則點汚終身_{이라.}
일 착   즉 점 오 종 신

공평한 정론에는 반대하지 말아야 하니 한 번 침범하면 수치를 만대에 남기게 되고 권력과 사리사욕에 발을 들여놓지 말아야 하니 한 번 발을 들여놓으면 평생토록 더러운 낙인이 찍히게 된다.

公	平	正	論	不	可	犯	手	一	犯	則	貽
공평할 공	평평할 평	바를 정	의논할 론	아닐 불	옳을 가	범할 범	손 수	한 일	범할 범	곧 즉	끼칠 이
羞	萬	世	權	門	私	竇	不	可	著	脚	一
부끄러워할 수	일만 만	인간 세	권세 권	문 문	사사로울 사	구멍 두	아닐 불	옳을 가	붙을 착	다리 각	한 일
著	則	點	汚	終	身						
붙을 착	곧 즉	점 점	더러울 오	마칠 종	몸 신						

小處에 不滲漏하고 暗中에 不欺隱하며
소처　불삼루　암중　불기은

末路에 不怠荒하면 纔是個眞正英雄이라.
말로　불태황　재시개진정영웅

작은 일에도 물샐 틈이 없고 어둠 속에서도 속이거나 숨기지 않으며 실패한 경우에도
포기하지 않는다면 이런 사람이 진정한 영웅이다.

小	處	不	滲	漏	暗	中	不	欺	隱	末	路
작을 소	곳 처	아닐 불	스며들 삼	샐 루	어두울 암	가운데 중	아닐 불	속일 기	숨을 은	끝 말	길 로
不	怠	荒	纔	是	個	眞	正	英	雄		
아닐 불	게으를 태	거칠 황	비로소 재	이 시	낱 개	참 진	바를 정	꽃부리 영	영웅 웅		

千金도 難結一時之歡이요
천금 난결일시지환

一飯도 竟致終身之感이니
일반 경치종신지감

蓋愛重反爲仇요 薄極翻成喜也라.
개 애중반위구 박극번성희야

천금으로도 한 때의 환심을 사기가 어렵고 한 끼의 밥으로도 평생의 은혜를 만든다. 대체로 사랑이 지나치면 오히려 원한을 사게 되고 각박함이 지극하면 오히려 성공의 기쁨을 누리게 한다.

千	金	難	結	一	時	之	歡	一	飯	竟	致
일천 천	쇠 금	어려울 난	맺을 결	한 일	때 시	갈 지	기쁠 환	한 일	밥 반	마침내 경	이를 치
終	身	之	感	蓋	愛	重	反	爲	仇	薄	極
마칠 종	몸 신	갈 지	느낌 감	덮을 개	사랑 애	무거울 중	돌이킬 반	할 위	원수 구	엷을 박	다할 극
翻	成	喜	也								
뒤집을 번	이룰 성	기쁠 희	어조사 야								

毋偏信而爲奸所欺하고 毋自任而爲氣所使하며
무 편 신 이 위 간 소 기　　　　　무 자 임 이 위 기 소 사

毋以己之長而形人之短하고
무 이 기 지 장 이 형 인 지 단

毋因己之拙而忌人之能하라.
무 인 기 지 졸 이 기 인 지 능

한쪽 말만 믿고서 간사한 사람에게 속지 말며 자기 힘만 과신하여 객기를 부리지 말며 자신의 장점을 드러내려고 남의 단점을 드러내지 말며 자신이 못한다고 남의 유능함을 시기하지 말라.

毋	偏	信	而	爲	奸	所	欺	毋	自	任	而
말 무	치우칠 편	믿을 신	말 이을 이	할 위	간사할 간	바 소	속일 기	말 무	스스로 자	맡길 임	말 이을 이
爲	氣	所	使	毋	以	己	之	長	而	形	人
할 위	기운 기	바 소	하여금 사	말 무	써 이	몸 기	갈 지	어른 장	말 이을 이	형상 형	사람 인
之	短	毋	因	己	之	拙	而	忌	人	之	能
갈 지	짧을 단	말 무	인할 인	몸 기	갈 지	졸할 졸	말 이을 이	꺼릴 기	사람 인	갈 지	능할 능

當與人同過나 不當與人同功이니
당여인동과   부당여인동공

同功則相忌하고 可與人共患難이나
동공즉상기   가여인공환난

不可與人共安樂이니 安樂則相仇니라.
불가여인공안락   안락즉상구

마땅히 허물은 남과 같이할 수 있어도 공로는 함께 누리지 말 것이니 공로를 함께 누리면 곧 시기하게 되고 다른 사람과 어려움은 같이할 수 있어도 안락은 같이할 수 없는 것이니 안락을 같이하면 곧 원수처럼 맞서게 된다.

當	與	人	同	過	不	當	與	人	同	功	同
마땅 **당**	더불 **여**	사람 **인**	같을 **동**	허물 **과**	아닐 **부**	마땅 **당**	더불 **여**	사람 **인**	같을 **동**	공 **공**	같을 **동**
功	則	相	忌	可	與	人	共	患	難	不	可
공 **공**	곧 **즉**	서로 **상**	꺼릴 **기**	옳을 **가**	더불 **여**	사람 **인**	함께 **공**	근심 **환**	어려울 **난**	아닐 **불**	옳을 **가**
與	人	共	安	樂	安	樂	則	相	仇		
더불 **여**	사람 **인**	함께 **공**	편안할 **안**	즐거울 **락**	편안할 **안**	즐거울 **락**	곧 **즉**	서로 **상**	원수 **구**		

反己者는 觸事가 皆成藥石이요
반기자 촉사 개성약석

尤人者는 動念이 卽是戈矛라.
우인자 동념 즉시과모

一以闢衆善之路하고
일이벽중선지로

一以濬諸惡之源하니 相去霄壤矣라.
일이준제악지원 상거소양의

스스로 반성하는 사람은 닥치는 일마다 약이 되지만 남을 원망하는 사람은 생각하는
것마다 창과 칼이 된다. 하나는 모든 선의 길을 열고 또 하나는 모든 악의 근원을 이
루니 서로의 거리는 하늘과 땅이다.

反	己	者	觸	事	皆	成	藥	石	尤	人	者
돌이킬 반	몸 기	놈 자	부딪칠 촉	일 사	다 개	이룰 성	약초 약	돌 석	더욱 우	사람 인	놈 자
動	念	卽	是	戈	矛	一	以	闢	衆	善	之
움직일 동	생각 념	곧 즉	이 시	창 과	창 모	한 일	써 이	열릴 벽	무리 중	착할 선	갈 지
路	一	以	濬	諸	惡	之	源	相	去	霄	壤
길 로	한 일	써 이	깊을 준	모든 제	악할 악	갈 지	근원 원	서로 상	갈 거	하늘 소	땅 양
矣											
어조사 의											

謝事_는 當謝於正盛之時_{하고}
사 사　　당 사 어 정 성 지 시

居身_은 宜居於獨後之地_라.
거 신　　의 거 어 독 후 지 지

일에서 물러날 때는 마땅히 전성기에 물러나고 아울러 몸을 두려고 하면 홀로 뒤떨어진 자리에 두도록 하라.

謝	事	當	謝	於	正	盛	之	時	居	身	宜
물러날 사	일 사	마땅할 당	물러날 사	어조사 어	바를 정	성할 성	갈 지	때 시	살 거	몸 신	마땅할 의
居	於	獨	後	之	地						
살 거	어조사 어	홀로 독	뒤 후	갈 지	땅 지						

信人者는 人未必盡誠이나 己則獨誠矣요
신인자   인미필진성   기즉독성의

疑人者는 人未必皆詐나 己則先詐矣라.
의인자   인미필개사   기즉선사의

남을 믿는 사람은 남들이 모두 성실해서가 아니라 자기가 홀로 성실하기 때문이며 남을 의심하는 사람은 남들이 모두 속이기 때문이 아니라 자기가 먼저 속이기 때문이다.

信	人	者	人	未	必	盡	誠	己	則	獨	誠
믿을 신	사람 인	놈 자	사람 인	아닐 미	반드시 필	다할 진	정성 성	몸 기	곧 즉	홀로 독	정성 성
矣	疑	人	者	人	未	必	皆	詐	己	則	先
어조사 의	의심할 의	사람 인	놈 자	사람 인	아닐 미	반드시 필	다 개	속일 사	몸 기	곧 즉	먼저 선
詐	矣										
속일 사	어조사 의										

人之過誤는 宜恕나 而在己則不可恕요
인지과오　　의서　　이재기즉불가서

己之困辱은 當忍이나 而在人則不可忍이라.
기지곤욕　　당인　　이재인즉불가인

다른 사람의 잘못은 마땅히 용서해야 하지만 자신의 잘못은 용서해선 안 되며 나의 괴로움은 마땅히 참아야 하지만 다른 사람의 괴로움은 참아서는 안 된다.

人	之	過	誤	宜	恕	而	在	己	則	不	可
사람 인	갈 지	허물 과	그르칠 오	마땅할 의	용서할 서	말 이을 이	있을 재	몸 기	곧 즉	아닐 불	옳을 가

恕	己	之	困	辱	當	忍	而	在	人	則	不
용서할 서	몸 기	갈 지	곤고할 곤	욕될 욕	마땅할 당	참을 인	말 이을 이	있을 재	사람 인	곧 즉	아닐 불

可	忍										
옳을 가	참을 인										

議事者는 身在事外하여 宜悉利害之情하고
의 사 자　　신 재 사 외　　　의 실 이 해 지 정

任事者는 身居事中하여 當忘利害之慮니라.
임 사 자　　신 거 사 중　　　당 망 이 해 지 려

일을 의논하는 사람은 몸을 그 일 밖에 두어 이해의 실상을 살피고 일을 맡은 사람은 몸을 그 일 안에 두어 이해에 대한 생각을 잊어야 한다.

議	事	者	身	在	事	外	宜	悉	利	害	之
의논할 의	일 사	놈 자	몸 신	있을 재	일 사	바깥 외	마땅할 의	다 실	이로울 이	해로울 해	갈 지
情	任	事	者	身	居	事	中	當	忘	利	害
뜻 정	맡길 임	일 사	놈 자	몸 신	살 거	일 사	가운데 중	마땅할 당	잊을 망	이로울 이	해로울 해
之	慮										
갈 지	생각 려										

士君子가 處權門要路면 操履要嚴明하고
사군자 처권문요로 조리요엄명

心氣要和易하여 毋少隨而近腥羶之黨하고
심기요화이 무소수이근성전지당

亦毋過激而犯蜂蠆之毒이라.
역무과격이범봉채지독

선비와 군자가 권력의 지위에 있을 때는 몸가짐이 엄정하고 명백해야 하며 마음은 항상 온화하고 평이해야 하니 조금이라도 비린내 풍기는 탐욕스런 무리와 가까이 하지 말며 또한 과격하여 소인배의 독침을 건드리지 말아야 한다.

士	君	子	處	權	門	要	路	操	履	要	嚴
선비 사	임금 군	아들 자	곳 처	권세 권	문 문	중요할 요	길 로	잡을 조	밟을 리	중요할 요	엄할 엄
明	心	氣	要	和	易	毋	少	隨	而	近	腥
밝을 명	마음 심	기운 기	중요할 요	화할 화	쉬울 이	말 무	적을 소	다를 수	말 이을 이	가까울 근	비릴 성
羶	之	黨	亦	毋	過	激	而	犯	蜂	蠆	之
누린내 전	갈 지	무리 당	또 역	말 무	지나칠 과	부딪칠 격	말 이을 이	침범할 범	벌 봉	전갈 채	갈 지
毒											
독 독											

不昧己心하고 不盡人情하며 不竭物力하라.
불 매 기 심   부 진 인 정   불 갈 물 력

三者可以爲天地立心하고
삼 자 가 이 위 천 지 립 심

爲生民立命하며 爲子孫造福이라.
위 생 민 립 명   위 자 손 조 복

자기의 마음을 어둡게 하지 말고 남의 인정에 가혹하지 말며 재물의 힘을 다 쓰지 말라. 이 세 가지는 천지를 위하여 마음을 세우고 모든 사람을 위하여 목숨을 세우며 자손을 위하여 복을 만드는 길이다.

不	昧	己	心	不	盡	人	情	不	竭	物	力
아닐 불	어두울 매	몸 기	마음 심	아닐 부	다할 진	사람 인	뜻 정	아닐 불	다할 갈	물건 물	힘 력

三	者	可	以	爲	天	地	立	心	爲	生	民
석 삼	놈 자	옳을 가	써 이	할 위	하늘 천	땅 지	설 립	마음 심	할 위	날 생	백성 민

立	命	爲	子	孫	造	福					
설 립	목숨 명	할 위	아들 자	손자 손	지을 조	복 복					

居官에 有二語하니 曰 惟公則生明하고
거관 유이어 왈 유공즉생명

惟廉則生威요 居家에 有二語하니
유렴즉생위 거가 유이어

曰 惟恕則情平하고 惟儉則用足이라.
왈 유서즉정평 유검즉용족

관직에 있는 이에게 줄 두 마디의 말은 오직 공정하면 밝은 지혜가 생기고 오직 청렴하면 위엄이 생긴다는 것이고 집에 있는 이에게 줄 두 마디의 말은 오직 너그러우면 불평이 없으며 오직 검소하면 살림이 넉넉해진다는 것이다.

居	官	有	二	語	曰	惟	公	則	生	明	惟
살 거	버슬 관	있을 유	두 이	말씀 어	가로 왈	오직 유	귀인 공	곧 즉	날 생	밝을 명	오직 유

廉	則	生	威	居	家	有	二	語	曰	惟	恕
청렴할 렴	곧 즉	날 생	위엄 위	살 거	집 가	있을 유	두 이	말씀 어	가로 왈	오직 유	용서할 서

則	情	平	惟	儉	則	用	足				
곧 즉	뜻 정	공평할 평	오직 유	검소할 검	곧 즉	쓸 용	발 족				

持身에는 不可太皎潔이니 一切汚辱垢穢를
지신   불가태교결   일체오욕구예

要茹納得이요 與人에는 不可太分明이니
요여납득   여인   불가태분명

一切善惡賢愚를 要包容得이라.
일체선악현우   요포용득

몸가짐을 지나치게 깨끗이 함은 불가한 법이니 때 묻음과 더러움도 용납할 수 있어야
하며 사람을 사귐에 지나치게 명백히 따지려 함은 불가한 법이니 선함과 악함과 현명
함과 어리석음을 모두 포용할 수 있어야 한다.

持	身	不	可	太	皎	潔	一	切	汚	辱	垢
가질 지	몸 신	아닐 불	옳을 가	클 태	흴 교	깨끗할 결	한 일	모두 체	더러울 오	욕될 욕	때 구
穢	要	茹	納	得	與	人	不	可	太	分	明
더러울 예	중요할 요	먹을 여	들일 납	얻을 득	더불 여	사람 인	아닐 불	옳을 가	클 태	나눌 분	밝을 명
一	切	善	惡	賢	愚	要	包	容	得		
한 일	모두 체	착할 선	악할 악	어질 현	어리석을 우	중요할 요	감쌀 포	얼굴 용	얻을 득		

休與小人仇讐하라. 小人은 自有對頭니라.
휴여소인구수　　　소인　　자유대두

休向君子諂媚하라. 君子는 原無私惠니라.
휴향군자첨미　　　군자　　원무사혜

소인과는 원수를 맺지 말라. 소인에게는 나름대로 상대가 있다. 군자에게 아첨하지 말라. 군자는 원래 사사로이 은혜를 베풀지 않는다.

休	與	小	人	仇	讐	小	人	自	有	對	頭
쉴 휴	더불 여	작을 소	사람 인	원수 구	원수 수	작을 소	사람 인	스스로 자	있을 유	대할 대	머리 두
休	向	君	子	諂	媚	君	子	原	無	私	惠
쉴 휴	향할 향	임금 군	아들 자	아첨할 첨	아첨할 미	임금 군	아들 자	근원 원	없을 무	사사로울 사	은혜 혜

建功立業者는 多虛圓之士요
건공립업자 다허원지사
僨事失機者는 必執拗之人이라.
분사실기자 필집요지인

공을 세우고 사업을 이룬 사람은 대개 허심탄회하고 원만하나 일을 그르치고 기회를
놓친 사람은 반드시 집착하고 고집이 센 사람이다.

建	功	立	業	者	多	虛	圓	之	士	僨	事
세울 건	공공	설립	업업	놈 자	많을 다	빌 허	둥글 원	갈 지	선비 사	흔들릴 분	일 사
失	機	者	必	執	拗	之	人				
잃을 실	기틀 기	놈 자	반드시 필	잡을 집	꺾을 요	갈 지	사람 인				

鷹立如睡하고 虎行似病하니
응립여수   호행사병

正是他攫人嚙人手段處라.
정시타확인서인수단처

故로 君子는 要聰明不露하고 才華不逞하니
고 군자 요총명불로   재화불령

繞有肩鴻任鉅的力量이라.
재 유견홍임거적역량

매는 서 있되 조는 듯하고 범은 걸어가되 병든 듯하니 바로 이것이 그들의 사람을 움켜
잡고 깨무는 수단이다. 마찬가지로 군자는 총명함을 드러내지 않고 재주를 뚜렷하게 나
타내지 말아야 하니 이것이 큰일을 넓은 어깨에 멜 수 있는 지도자의 역량인 까닭이다.

鷹	立	如	睡	虎	行	似	病	正	是	他	攫
매 응	설 립	같을 여	졸음 수	호랑이 호	다닐 행	닮을 사	병 병	바를 정	이 시	남 타	움켜질 확
人	嚙	人	手	段	處	故	君	子	要	聰	明
사람 인	씹을 서	사람 인	손 수	수단 단	곳 처	연고 고	임금 군	아들 자	중요할 요	밝을 총	밝을 명
不	露	才	華	不	逞	繞	有	肩	鴻	任	鉅
아닐 불	드러날 로	재주 재	빛날 화	아닐 불	쾌할 령	이 재	있을 유	어깨 견	기러기 홍	맡길 임	클 거
的	力	量									
과녁 적	힘 력	헤아릴 량									

母憂拂意하고 母喜快心하며
무 우 불 의   무 희 쾌 심
母恃久安하고 母憚初難하라.
무 시 구 안   무 탄 초 난

뜻대로 되지 않는다고 근심하지 말며 마음에 흡족하다 기뻐하지 말며 오랫동안 편안함을 믿지 말고 처음이 어렵다고 꺼리지 말라.

母	憂	拂	意	母	喜	快	心	母	恃	久	安
말 무	근심 우	거스를 불	뜻 의	말 무	기쁠 희	쾌할 쾌	마음 심	말 무	믿을 시	오랠 구	편안할 안

母	憚	初	難								
말 무	꺼릴 탄	처음 초	어려울 난								

冷眼觀人하고 冷耳聽語하며
냉안관인　　　냉이청어

冷情當感하고 冷心思理하라.
냉정당감　　　냉심사리

냉철한 눈으로 사람을 보고 냉철한 귀로 말을 들으며 냉철한 감정으로 느낌을 대하고
냉철한 마음으로 도리를 생각하라.

冷	眼	觀	人	冷	耳	聽	語	冷	情	當	感
찰 냉	눈 안	볼 관	사람 인	찰 냉	귀 이	들을 청	말씀 어	찰 냉	뜻 정	마땅할 당	느낄 감
冷	心	思	理								
찰 냉	마음 심	생각 사	이치 리								

性燥心粗者는 一事無成이요
성 조 심 조 자　일 사 무 성

心和氣平者는 百福自集이라.
심 화 기 평 자　백 복 자 집

성질이 조급하고 마음이 거친 사람은 한 가지 일도 이룰 수가 없고 마음이 온화하고
기질이 평온한 사람은 백 가지 복이 저절로 모여든다.

性	燥	心	粗	者	一	事	無	成	心	和	氣
성품 성	마를 조	마음 심	거칠 조	놈 자	한 일	일 사	없을 무	이룰 성	마음 심	화할 화	기운 기

平	者	百	福	自	集						
공평할 평	놈 자	일백 백	복 복	스스로 자	모을 집						

不可乘喜而輕諾하고 不可因醉而生嗔하며
불가승희이경락   불가인취이생진

不可乘快而多事하고 不可因倦而鮮終이라.
불가승쾌이다사   불가인권이선종

기쁨에 들떠 가벼이 허락하지 말며 술 취함을 빙자하여 성내지 말며 즐거운 마음에 들
떠 많은 일을 벌이지 말며 고달프다 하여 끝맺음을 소홀히 말라.

不	可	乘	喜	而	輕	諾	不	可	因	醉	而
아닐 불	옳을 가	탈 승	기쁠 희	말 이을 이	가벼울 경	허락할 락	아닐 불	옳을 가	인할 인	취할 취	말 이을 이
生	嗔	不	可	乘	快	而	多	事	不	可	因
날 생	성낼 진	아닐 불	옳을 가	탈 승	쾌할 쾌	말 이을 이	많을 다	일 사	아닐 불	옳을 가	인할 인
倦	而	鮮	終								
게으를 권	말 이을 이	드물 선	마칠 종								

君子는 處患難而不憂하고 當宴遊而惕慮하며
군 자　　처 환 난 이 불 우　　　　당 연 유 이 척 려
遇權豪而不懼하고 對煢獨而警心이라.
우 권 호 이 불 구　　　　대 경 독 이 경 심

군자는 환난을 당하여도 근심하지 않으나 즐거운 때를 당하여는 근심하며 권세 있는
사람을 만나서는 두려워하지 않으나 외로운 사람을 만나서는 마음 아파한다.

君	子	處	患	難	而	不	憂	當	宴	遊	而
임금 군	아들 자	곳 처	근심 환	어려울 난	말 이을 이	아닐 불	근심 우	마땅할 당	잔치 연	놀 유	말 이을 이
惕	慮	遇	權	豪	而	不	懼	對	煢	獨	而
삼갈 척	걱정할 려	만날 우	권세 권	호걸 호	말 이을 이	아닐 불	두려워할 구	대할 대	외로울 경	홀로 독	말 이을 이
警	心										
놀랄 경	마음 심										